2.-4. Schuljahr

Mila Müller

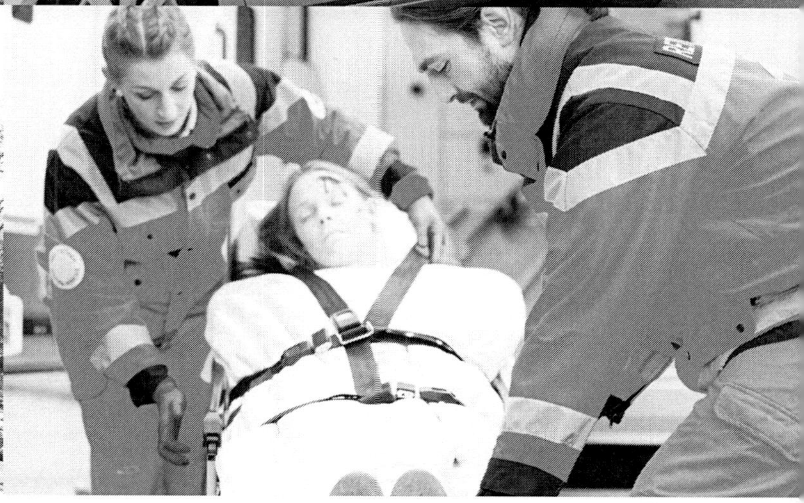

Lernwerkstatt Feuerwehr, Polizei & Co

Unsere Helfer in der Not unter der Lupe

Lernen mit Erfolg
KOHL VERLAG
www.kohlverlag.de

Lernwerkstatt Feuerwehr, Polizei & Co

Unsere Helfer in der Not unter der Lupe

1. Auflage 2020

Inhalt: Mila Müller
Coverbilder: © benjaminnolte, industrieblick, Kzenon & VRD - AdobeStock.com
Grafik & Satz: Kohl-Verlag
Druck: farbo prepress GmbH, Köln

Bestell-Nr. 12 322

ISBN: 978-3-96040-495-8

Bildquellen © AdobeStock.com

S. 3: © backup_studio; **S. 4 - 37 + 59 - 62:** © Trueffelpix; **S. 38 - 51 + 63:** © Ikeskinen; **S. 52 - 58 + 64:** © roadrunner; **S. 5, 23, 38, 52:** © ShannonK; **S. 14 + 60:** © bonezboyz; **S. 15:** © vectorpocket, Africa Studio, wellphoto, Heiko Barth, anatolir; **S. 16:** © ylivdesign; **S. 30:** © Sebastian, WavebreakMediaMicro; **S. 32+33:** © Kzenon; **S. 34:** © pixssell; **S. 36:** © Karl-Heinz H; **S. 42:** © Krittiporn; **S. 43:** © Jörg Hüttenhölscher, ChristArt, Ronald Rampsch; **S. 44:** © PMDesign; **S. 45:** © fotohansel; **S. 46+47:** © Henrie; **S. 48:** © M.Dörr & M.Frommherz; **S. 50:** © brand.punkt, monropic; **S. 51:** © Marco2811, New Africa, Alexander Raths, Tobias Arhelger, juefraphoto; **S. 56:** © Katja; **S. 57:** © Tobias Arhelger

Der vorliegende Band ist eine Print-Einzellizenz

Sie wollen unsere Kopiervorlagen auch digital nutzen? Kein Problem – fast das gesamte KOHL-Sortiment ist auch sofort als PDF-Download erhältlich! Wir haben verschiedene Lizenzmodelle zur Auswahl:

	Print-Version	PDF-Einzellizenz	PDF-Schullizenz	Kombipaket Print & PDF-Einzellizenz	Kombipaket Print & PDF-Schullizenz
Unbefristete Nutzung der Materialien	x	x	x	x	x
Vervielfältigung, Weitergabe und Einsatz der Materialien im eigenen Unterricht	x	x	x	x	x
Nutzung der Materialien durch alle Lehrkräfte des Kollegiums an der lizensierten Schule			x		x
Einstellen des Materials im Intranet oder Schulserver der Institution			x		x

Die erweiterten Lizenzmodelle zu diesem Titel sind jederzeit im Online-Shop unter www.kohlverlag.de erhältlich.

Inhalt

Lernwerkstatt FEUERWEHR, POLIZEI & CO.
Unsere Helfer in der Not unter der Lupe – Bestell-Nr. 12 322
KOHL VERLAG

Vorwort

Liebe Kolleginnen und Kollegen,

es vergeht kaum ein Tag, an dem wir nicht Sirenen hören, Blaulichter sehen oder mit Meldungen über Unfälle in Zeitungen konfrontiert werden. Kinder sind fasziniert von Polizeiautos, Funkgeräten und Uniformen und wer von uns kennt nicht den süßen Drachenjungen „Grisu" und sein „Ich werde Feuerwehrmann!"?

Diese Neugierde und die damit verbundenen Fragen haben mich inspiriert, das vorliegende Heft zu verfassen.

Anhand von Wissenstexten, Suchseln, Rätseln und vielem mehr erfahren die Kinder wichtige Informationen zu den Bereichen Polizei, Feuerwehr und DRK.

Sie werden spielerisch und scheinbar nebenbei zu Experten und stillen somit ihren Wissensdurst. Die Lösungen im Anhang können während der Arbeit in einer speziellen Lösungskartei präsentiert werden, um das eigenverantwortliche Arbeiten zu stärken bzw. zu trainieren.

Bewährt hat sich zudem, die Einstiegstexte im Kreis vorzulesen oder vorlesen zu lassen und dann gemeinsam an die Arbeit zu gehen.

Wie immer bei meinen Medien ist ein Buch aus der Praxis für die Praxis entstanden und ich freue mich immer über Rückmeldungen, Tipps etc.

Ich wünsche Ihnen schon jetzt, auch im Namen des gesamten Kohlverlagteams, viel Freude mit dem Material!

Ihre **Mila Müller**

Anmerkung: *Der Erlös all meiner Medien kommt zu 100% Nottieren zugute!*
Danke für Ihre Unterstützung!

Bedeutung der Symbole:

EA **Einzelarbeit**

Schreibe die Lösung in dein Heft

I. Jonathan und Maximilian entdecken die Polizei

Hallo, ich bin Jonathan und das ist mein Bruder Maximilian.

Wir zwei haben nun endlich Ferien und unsere Eltern Tobias und Anna haben uns versprochen, lauter Abenteuerfahrten zu unternehmen! Sicher hast du Lust, uns zu begleiten!

Aik, der Freund von unserem Papa, ist Polizist. Er hat uns auf seine Wache eingeladen. Dort werden wir sicher mehrere Tage verbringen, um auch wirklich alles zu entdecken und zu lernen, was für einen Polizisten wichtig ist.

Dann geht es weiter zu Sylvi, sie ist die Freundin von Mama und arbeitet bei der Feuerwehr. Mal schauen, was wir bei ihr so alles erleben!

Auf jeden Fall können wir am Ende einen Polizeiführerschein und einen Feuerwehrführerschein erhalten, wenn wir uns bei jeder Aufgabe richtig viel Mühe geben.

Bei Wolfgang, der beim Rettungsdienst arbeitet, werden wir sicher viele spannende Dinge erfahren.

Zuletzt nimmt uns Stefan mit zum Technischen Hilfswerk (THW).

Also, begleite uns bei unseren Abenteuern und lass uns die Aufgaben gemeinsam lösen, auf geht's!

I. Jonathan und Maximilian entdecken die Polizei

Merkwörter zum Thema „Polizei“ (Klasse 2)

Du brauchst:
- Schreibstift
- Buntstifte

EA

Aufgabe 1: *Auch ein Polizist/eine Polizistin braucht ein gutes Gedächtnis und Schreibkenntnisse! Überschreibe die neuen Merkwörter mit einem farbigen Stift.*

der Polizist die Polizistin

das Polizeirevier die Sicherheit

schützen ermitteln spannend

die Ordnung verfolgen

EA

Aufgabe 2: *Schreibe die neuen Merkwörter ab.*

EA

Aufgabe 3: *Kreise die Nomen farbig ein und bilde von jedem Nomen die Mehrzahl.*

EA

Aufgabe 4: *Kreise alle Verben mit einer anderen Farbe ein und führe den Personentest durch.*

Beispiel: ich laufe, du läufst, er/sie/es läuft, wir laufen, ...

Lernwerkstatt FEUERWEHR, POLIZEI & Co.
Unsere Helfer in der Not unter der Lupe – Bestell-Nr. 12 322
KOHL VERLAG

I. Jonathan und Maximilian entdecken die Polizei

Merkwörter zum Thema „Polizei" (Klasse 3/4)

Du brauchst:
- Schreibstift
- Buntstifte

EA **Aufgabe 1**: *Auch ein Polizist braucht ein gutes Gedächtnis und Schreibkenntnisse! Überschreibe die neuen Merkwörter mit einem farbigen Stift.*

der Polizist die Dienstwaffe

die Uniform der Streifenwagen

die Polizistin das Polizeirevier

die Sicherheit schützen ermitteln

aufspüren nachforschen

verfolgen spannend

die Ordnung blitzschnell

hartnäckig erfolgreich

unermüdlich

EA **Aufgabe 2**: *Schreibe die neuen Merkwörter ab.*

Lernwerkstatt FEUERWEHR, POLIZEI & Co.
Unsere Helfer in der Not unter der Lupe – Bestell-Nr. 12 322
KOHL VERLAG

I. Jonathan und Maximilian entdecken die Polizei

Merkwörter zum Thema „Polizei" (Klasse 3/4)

EA

Aufgabe 3: *Kreise die Nomen farbig ein und bilde von jedem Nomen die Mehrzahl.*

EA

Aufgabe 4: *Kreise alle Verben mit einer anderen Farbe ein und führe den Personentest durch.*

Beispiel: ich laufe, du läufst, er/sie/es läuft, wir laufen, ...

EA

Aufgabe 5: *Kreise alle Adjektive mit einer anderen Farbe ein und steigere sie.*

Beispiel: schnell, schneller, am schnellsten

KOHL VERLAG

I. Jonathan und Maximilian entdecken die Polizei

<u>Diktat zum Thema „Polizei“</u>

Diktat Klasse 2

Unser Besuch bei der Polizei

Heute haben wir ein Polizeirevier besucht. Dort ermitteln Polizisten, um uns zu schützen. Sie sorgen für Ordnung und Sicherheit. Die Polizistin erzählt von einem Tatort. Sie hat sogar einen Dieb verfolgt. Das war spannend.

(39 Wörter)

Diktat Klasse 3/4

Unser Besuch bei der Polizei

Heute haben wir ein Polizeirevier besucht. Dort ermitteln Polizisten, um uns zu schützen. Sie sorgen für Ordnung und Sicherheit. Die Polizistin erzählt von einem Tatort. Sie hat sogar einen Dieb verfolgt. Das war spannend.
Ein Polizist hat uns seine Dienstwaffe und seine Uniform erklärt. Wir haben viele Fragen gestellt. Polizisten müssen vieles können: unermüdlich nachforschen, aufspüren und blitzschnell laufen. Am Ende durften wir uns in einen Streifenwagen setzen. Es war toll.

(76 Wörter)

KOHL VERLAG Lernwerkstatt FEUERWEHR, POLIZEI & Co. Unsere Helfer in der Not unter der Lupe – Bestell-Nr. 12 322

I. Jonathan und Maximilian entdecken die Polizei

Die Polizeiwache

Du brauchst: ▪ Buntstifte

Als wir bei der Polizeiwache ankommen, erwartet uns Aik bereits. „Da seid ihr beiden ja, schön! Dann kommt gleich mit, damit ich euch alles zeigen kann!"

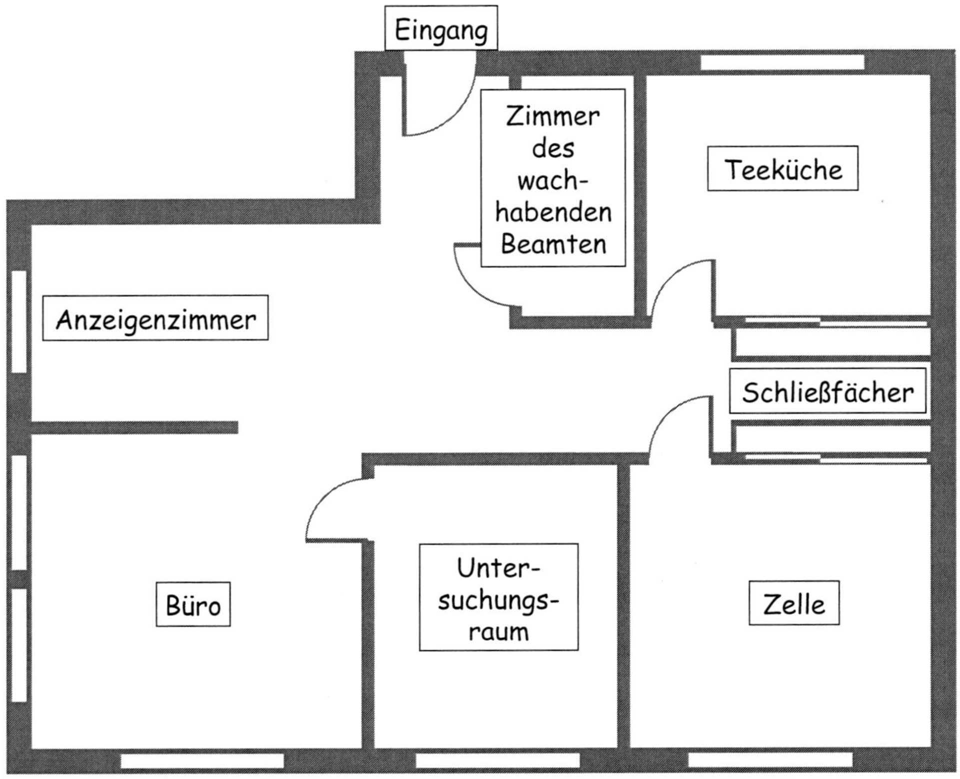

Als erstes betreten wir einen Vorraum, in dem ein wachhabender Beamter sitzt. „Hier seht ihr einen Grundriss von unserer Wache. Dort sind alle Räume und ihre Verwendung zu sehen."

EA

Aufgabe 1: *Findest du die Räume?*

a) *In welchen Raum kommt man, nachdem man beim wach-habenden Beamten vorbei gegangen ist?*

b) *In welchen Raum gelangt man nur über das Büro?*

c) *Zwischen welchen beiden Räumen befinden sich die Schließfächer?*

Lernwerkstatt FEUERWEHR, POLIZEI & Co.
Unsere Helfer in der Not unter der Lupe – Bestell-Nr. 12 322
KOHL VERLAG

EA

Aufgabe 2: *Finde die folgenden Wörter im Suchsel. Markiere jedes Wort in einer anderen Farbe.*

Büro, Vorzimmer, Anzeige, Polizist, Zelle, Straftat, Beamter, Untersuchung, Streifenwagen, Dienst

S	J	R	K	X	F	A	Q	P	G	W	T	A	Z	I
T	D	Z	Q	Q	M	M	A	R	Y	H	B	M	F	G
R	I	S	T	R	A	F	T	A	T	M	U	O	G	Q
E	Q	P	B	E	A	M	T	E	R	J	N	E	I	S
I	V	O	R	Z	I	M	M	E	R	D	T	W	E	F
F	U	L	V	E	R	Y	E	S	A	V	E	Z	F	J
E	V	I	V	F	J	G	W	E	B	Q	R	R	V	A
N	H	Z	E	L	L	E	K	S	N	I	S	W	I	V
W	L	I	K	N	H	S	D	J	E	P	U	C	H	X
A	R	S	H	H	X	U	K	M	H	H	C	L	H	J
G	N	T	D	I	E	N	S	T	G	U	H	O	R	S
E	D	Q	B	M	T	E	Z	F	S	A	U	A	G	L
N	Z	N	W	V	I	W	O	M	X	L	N	W	M	D
P	L	U	F	D	P	A	N	Z	E	I	G	E	D	D
I	T	D	U	E	I	F	N	M	B	ü	R	O	Z	A

Lernwerkstatt FEUERWEHR, POLIZEI & Co.
Unsere Helfer in der Not unter der Lupe – Bestell-Nr. 12 322
KOHL VERLAG

I. Jonathan und Maximilian entdecken die Polizei

Aufgaben der Polizei

Du brauchst:
- Buntstifte
- Schreibstift

EA **Aufgabe 1**: *Lies den Text genau durch.*

Die Aufgaben der Polizei

Einen Großteil ihres Dienstes verbringen Polizisten mit vorbeugenden Streifenfahrten oder -gängen. Gerade Gebiete, in denen es in der Vergangenheit vermehrt zu Vorfällen gekommen ist, werden überwacht. Die Polizisten achten jederzeit und überall darauf, dass unsere Gesetze eingehalten werden, damit wir sicher leben können. Dafür dürfen sie notfalls auch Zwang ausüben.

Wo wird die Polizei tätig?

Haupttätigkeiten
- Gefahrenabwehr
- Strafverfolgung (Zusammenarbeit mit Staatsanwaltschaft, Tatortaufnahme, Vernehmung, Observation, Befragung, Festnahme)
- Verfolgung von Ordnungswidrigkeiten

EA **Aufgabe 2**: *Was weißt du über die Aufgaben von Polizisten? Male ein Bild.*

I. Jonathan und Maximilian entdecken die Polizei

Der Aufbau der Polizei

Vollzugspolizei
Wasserschutzpolizei
Schutzpolizei
Kriminalpolizei
Bereitschaftspolizei
Verkehrspolizei

Polizeiverwaltungsbehörden
Ordnungsamt
Gewerbeaufsichtsamt

Das Bundeskriminalamt

BKA bedeutet Bundeskriminalamt. Das ist die zentrale Kriminalpolizei in Deutschland. Sie befindet sich in Wiesbaden, Meckenheim, Berlin. Das BKA koordiniert die nationale und internationale Verbrechensbekämpfung.
Die deutschlandweite Notrufnummer lautet 110. Dabei sind die Fragen Wer?, Wo?, Wann?, Was?, Wie viele? wichtig. Die allererste Polizei wurde 1830 in Paris gegründet.

EA

Aufgabe 3: *Löse das Kreuzworträtsel zu den Aufgaben und dem Aufbau der Polizei. Wenn du alles richtig gelöst hast, bekommst du ein Lösungswort. Es bedeutet, dass Polizisten Personen sind, die für den Staat arbeiten.*

1. Polizisten achten darauf, dass unsere ... eingehalten werden.
2. Eine der drei Haupttätigkeiten der Polizei ist die ... .
3. Ein anderes Wort für die Telefonnummer 110 ist ... .
4. Dort wurde die erste Polizei gegründet.
5. Polizisten verbringen einen Großteil auf ... .
6. BKA bedeutet ... .
7. Eine Polizeiverwaltungsbehörde ist das O... .
8. Die Polizei auf dem Wasser nennen wir ... .

Lösungswort:

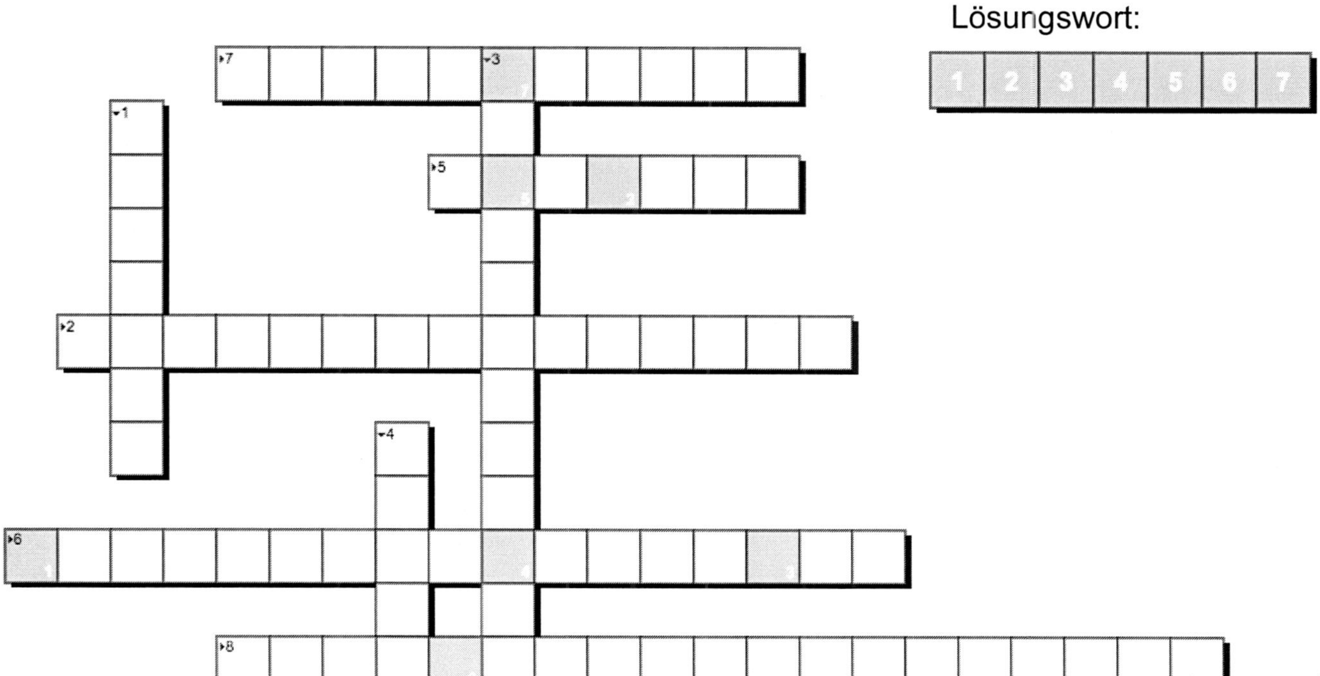

KOHL VERLAG Lernwerkstatt FEUERWEHR, POLIZEI & Co. Unsere Helfer in der Not unter der Lupe – Bestell-Nr. 12 322

I. Jonathan und Maximilian entdecken die Polizei

Polizisten und ihre Ausrüstung

Du brauchst: ▪ Schreibstift

EA **Aufgabe 1**: *Streiche durch, was nicht zur Ausrüstung eines Schutzpolizisten gehört.*

Schraubenzieher

Schlagstock

Handfunkgerät

Schirmmütze

Anzug

Aktenkoffer

Hammer

Uniform

Dienstwaffe

Schere

Taschenlampe

Pfefferspray

Handschellen

Akkubohrer

EA **Aufgabe 2**: *Schau dir den Polizisten genau an. Lies dir die einzelnen Begriffe durch. Verbinde Bild und Begriff passend miteinander..*

Brustabzeichen

Handschellen

Dienstwaffe

Schlagstock

Schirmmütze

Funkgerät

Lernwerkstatt FEUERWEHR, POLIZEI & Co. Unsere Helfer in der Not unter der Lupe – Bestell-Nr. 12 322
KOHL VERLAG

I. Jonathan und Maximilian entdecken die Polizei

EA

Aufgabe 3: *Lies die Sätze genau durch. Trage dann den Buchstaben in die passende Lupe ein. Am Ende solltest du ein Lösungswort herausbekommen, wenn du die Buchstaben von links nach rechts unten einträgst.*

Ein Polizist trägt eine Uniform. (T)
Die Sterne an den Schulterklappen zeigen seinen Rang. (R)
Seine Pistole trägt er am Gürtel. (T)
Die Handschellen und der Schlagstock sind ebenfalls am Gürtel. (A)
Um mit der Leitstelle zu reden, benutzt er sein Handfunkgerät. (T)
Manchmal trägt ein Polizist eine Sicherheitsweste. (O)

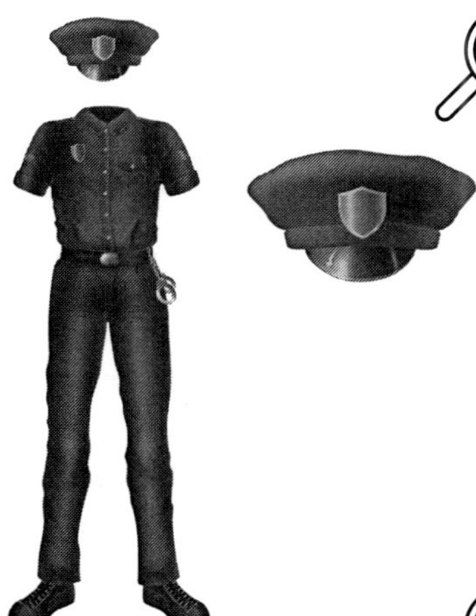

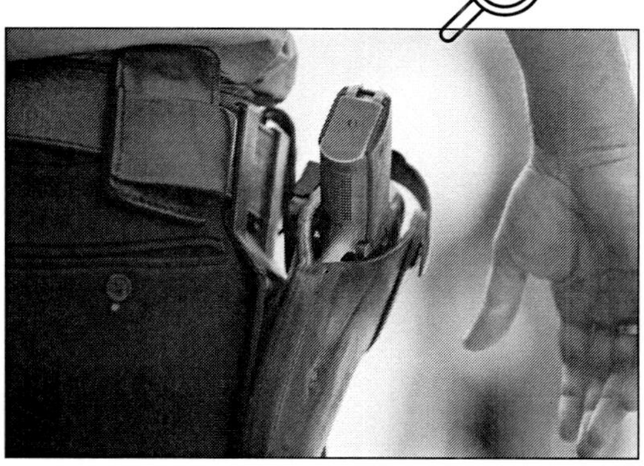

Mein Lösungswort lautet: ___ ___ ___ ___ ___ ___

Lernwerkstatt FEUERWEHR, POLIZEI & Co.
Unsere Helfer in der Not unter der Lupe – Bestell-Nr. 12 322
KOHL VERLAG

I. Jonathan und Maximilian entdecken die Polizei

EA

Aufgabe 4: *Beschreibe mit deinen Worten, wofür ein Polizist die folgenden Gegenstände braucht.*

Lernwerkstatt FEUERWEHR, POLIZEI & Co.
Unsere Helfer in der Not unter der Lupe – Bestell-Nr. 12 322
KOHL VERLAG

I. Jonathan und Maximilian entdecken die Polizei

Polizei-Quiz

So geht's: Ein Kind liest die Aufgabe/Frage vor. Das andere Kind antwortet. Für jede richtige Antwort erhält das Kind einen Punkt. Falsche Karten werden wieder in den Stapel gemischt. Gewonnen hat der mit den meisten Punkten am Ende.

Frage: Gilt die Notrufnummer 110 überall in Deutschland? **Antwort:** Ja, die Nummer 110 gilt deutschlandweit.	**Frage:** Wenn du die Notrufnummer 110 wählst, wird die Anrufernummer immer angezeigt, egal ob Festnetz, Mobiltelefon, Telefonzelle oder unterdrückte Nummer. **Antwort:** Das ist richtig.	**Frage:** Die Finanzpolizei ist der Zoll. Er wird hauptsächlich bei Rauschgiftkriminalität, Waffenschmuggel, Geldwäsche, Schwarzarbeit tätig. **Antwort:** Das ist richtig.
Frage: Wo wird die Polizei tätig? **Antwort:** Die Polizei wird hauptsächlich in den drei großen Bereichen Strafverfolgung, Verfolgung von Ordnungswidrigkeiten, Gefahrenabwehr tätig.	**Frage:** Die bundesweit erste Onlinewache ist 2003 in Brandenburg eröffnet worden. Dort können Anzeigen erstattet und Demonstrationen angemeldet werden. **Antwort:** Das stimmt.	**Frage:** BKA ist die Abkürzung für Beamtenkrankenanzeige. **Antwort:** Das stimmt nicht. BKA bedeutet Bundeskriminalamt.

Lernwerkstatt FEUERWEHR, POLIZEI & Co.
Unsere Helfer in der Not unter der Lupe – Bestell-Nr. 12 322
KOHL VERLAG

I. Jonathan und Maximilian entdecken die Polizei

Frage: Welche Aufgaben hat der Streifendienst? **Antwort:** Der Streifendienst nimmt Verkehrsunfälle auf, kümmert sich um kleinere Straftaten, regelt und überwacht den Straßenverkehr, schützt bei Großveranstaltungen, hilft bei häuslicher Gewalt. Kurz, er ist für die Abwehr und Beseitigung von Gefahren zuständig.	**Frage:** Welche Formen des Streifendienstes gibt es? **Antwort:** Fußstreife, Funkwagenstreife, Motorradstreife, Fahrradstreife	**Frage:** Schutzwesten sind schwer und wiegen etwa 5,6 kg. **Antwort:** Das stimmt nicht. Schutzwesten wiegen etwa 1,3 kg.
Frage: Die Ausrüstung eines Streifenpolizisten besteht aus der Uniform und einem Schlagstock. **Antwort:** Das stimmt nicht. Die gesamte Ausrüstung besteht aus einer Uniform mit Abzeichen auf der Brust, einer Schirmmütze, einem Schlagstock, einer Dienstwaffe mit Reservemagazin, Handschellen, Pfefferspray, Taschenlampe, Handfunkgerät	**Frage:** Hunde und Katzen helfen der Polizei bei ihren Aufgaben. **Antwort:** Das stimmt nicht. Hunde und Pferde helfen der Polizei.	**Frage:** Welche Aufgaben hat ein Polizeihund? **Antwort:** Der normale Schutzhund schützt den Polizisten vor Angreifern, hilft bei der Suche nach Straftätern, stellt fliehende Täter und sucht nach vermissten Personen. Außerdem gibt es noch speziell ausgebildete Spürhunde, die z.B. nach Rauschgift, Sprengstoff oder Leichen suchen.
Frage: Mit einer Laserpistole schießen Polizisten auf flüchtende Verbrecher. **Antwort:** Das stimmt nicht. Laserpistolen sind Geschwindigkeitsmesser, um gegen Temposünder vorzugehen. Sie können von Hand, aus dem Auto heraus oder per Stativ messen.	**Frage:** Autobahnpolizisten fahren auch zivile Autos und tragen keine Uniform. Ihre Fahrzeuge sind über 200 PS stark. **Antwort:** Das ist richtig.	**Frage:** Was sind sie Aufgaben der Wasserschutzpolizei? **Antwort:** Im Grunde hat die WaPo die gleichen Aufgaben wie die Polizei an Land. Sie überwacht die Einhaltung der Verkehrsregeln, achten auf die Vermeidung von Unfällen, kontrolliert Papiere, achtet auf die Einhaltung des Umweltschutzes.

Lernwerkstatt FEUERWEHR, POLIZEI & Co. Unsere Helfer in der Not unter der Lupe – Bestell-Nr. 12 322
KOHL VERLAG

I. Jonathan und Maximilian entdecken die Polizei

Polizei-Lexikon

Du brauchst:
- Schere
- Kleber

So geht's: Schneide die einzelnen Seiten deines Lexikons aus. Klebe die Seiten an den Klebelaschen zusammen. Danach kannst du es zu einem kleinen Büchlein falten.

KLEBEN	**Beamter**: ein anderes Wort für Polizist **Streife**: Kontrollgang oder -fahrt **Straftat**: rechtswidriges Verhalten **Polizeiwache**: Arbeitsstelle vieler Polizisten **Tatort**: Ort des Verbrechens **Finanzpolizei**: Zoll **Bpo**: Bundespolizei	**KLEBEN**	**Handfunkgerät**: verbindet den Polizisten mit der Leitstelle **Handschellen**: Mittel zum Fest-nehmen von Personen **Dienstwaffe**: Waffe zum Schutz des Polizisten **Pfefferspray**: Abwehrmittel gegen-über Angreifern **Schutzweste**: zum Schutz des Polizisten **Diensthund/-pferd:** Helfer der Polizei
KLEBEN	**KriPo**: Kriminalpolizei **WaPo**: Wasserpolizei **BePo**: Bereitschaftspolizei **SchuP**: Schutzpolizei **LKA**: Landeskriminalamt (oberste Polizeibehörde eines Bundeslandes) **Leitstelle**: ein anderes Wort für Wache, Revier **Uniform**: Arbeitskleidung eines Polizisten **Schlagstock**: Waffe zum Schutz des Polizisten	**KLEBEN**	**Unfallsteckkarte**: auf Stadtplänen/ Landkarten werden Ort, Art, Schwere von Unfällen mit farbigen Steck-nadeln markiert **Photogrammetrie**: ein Verfahren zur technischen Bildvermessung und zur Herstellung maßstabsgerechter Skizzen **Radar**: Geschwindigkeitsmessgerät **Laserpistole**: Geschwindigkeits-messgerät
KLEBEN	**Küstenwache**: Verbund aus der Bundespolizei, Zoll, Wasser,-Schiff-fahrtsverwaltung, Fischereischutz, Umweltbundesamt **Profiler**: speziell psychologisch geschulte Männer oder Frauen, die ein Täterprofil erstellen **Fingerabdruck**: Beweismittel zur Aufklärung von Verbrechen	**KLEBEN**	**genetischer Fingerabdruck**: besteht aus Blut, Haut oder Speichel **Scotland Yard**: 1829 gegründete Polizei, die für den Raum London zuständig war. Ihr erstes Quartier war in der Straße „Scotland Yard". **Bobby**: Polizist in London **Gendarmerie**: Sicherheitsbeamte in einigen europäischen Staaten, die polizeiliche Aufgaben haben **FBI**: Federal Bureau of Investigation, Bundeskriminalpolizei der USA

Lernwerkstatt FEUERWEHR, POLIZEI & Co. – Bestell-Nr. 12 322
Unsere Helfer in der Not unter der Lupe
KOHL VERLAG

Der Beruf Polizist/Polizistin

Du brauchst:
- Buntstifte
- Schreibstift

EA **Aufgabe 1**: *Lies den Informationstext genau durch.*

Beruf Polizist/Polizistin

Einige Aufgabenbereiche: Streife fahren, den Verkehr regeln, Menschen und Tieren in Notsituationen helfen, Straftäter ermitteln, Hubschrauber fliegen.

Geforderte Eigenschaften: gute Menschenkenntnis, Entscheidungsfreudigkeit, nervliche Belastbarkeit, mündliches und schriftliches Ausdrucksvermögen, Reaktionsschnelligkeit, ein gutes Gedächtnis.

Weitere Kriterien: keine Vorstrafen, einen guten Schulabschluss, Bestehen der Aufnahmeprüfung (schriftlich, mündlich, sportlich), polizeispezifische Rechtskenntnisse, Selbstverteidigung, sichere Handhabung von Schusswaffen.

Die Ausbildung erfolgt in etwa 20 Fächern.

Hier siehst du den möglichen Werdegang eines Polizisten:

mittlerer Polizeivollzugsdienst

↓

Polizeimeister

↓

Polizeihauptmeister

↓

Kommissar

↓

Landespolizeipräsident

I. Jonathan und Maximilian entdecken die Polizei

EA

Aufgabe 2: *Finde die folgenden Wörter im Suchsel. Markiere jedes Wort in einer anderen Farbe.*

Verkehr, Straftäter, Reaktion, Gedächtnis, Polizeimeister, Streife, fahren, sportlich, sicher, Ausbildung

S	W	D	S	T	R	E	I	F	E	Z	K	R	T
P	K	V	E	R	K	E	H	R	F	X	Q	E	K
O	V	E	H	P	S	N	A	I	P	H	E	A	W
R	E	D	N	X	D	X	C	F	T	N	I	K	S
T	B	W	H	U	K	E	D	E	L	L	A	T	I
L	G	E	D	A	E	C	H	T	N	I	S	I	C
I	R	A	U	S	B	I	L	D	U	N	G	O	H
C	T	D	D	E	S	O	H	P	H	T	V	N	E
H	E	J	A	B	X	S	J	D	U	F	G	E	R
P	O	L	I	Z	E	I	M	E	I	S	T	E	R
U	N	A	H	R	R	U	B	M	I	V	O	V	H
R	W	F	A	H	R	E	N	R	V	N	H	D	H
S	C	D	K	K	J	S	G	F	W	V	J	Y	L
O	S	T	R	A	F	T	A	E	T	E	R	H	Z

Lernwerkstatt FEUERWEHR, POLIZEI & Co.
Unsere Helfer in der Not unter der Lupe – Bestell-Nr. 12 322
KOHL VERLAG

Das Polizeiauto

Du brauchst:
- Buntstifte
- Bleistift
- Lineal

EA

Aufgabe 1: *Male das Auto in den richtigen Farben an. Wenn du unsicher bist, schaue in Bücher oder ins Internet.*

EA

Aufgabe 2: *Schau dir die Vorlage links genau an. Zeichne sie mit Bleistift und Lineal genau nach. Am Ende darfst du das Auto farbig anmalen.*

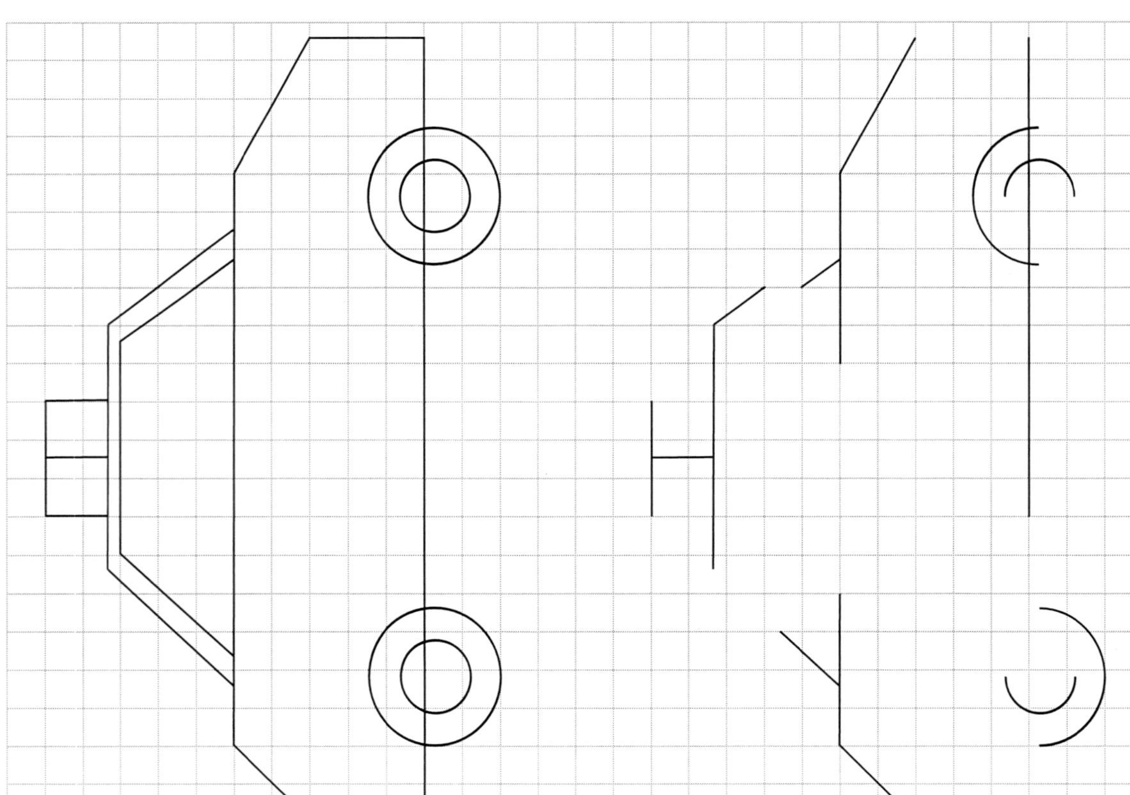

Lernwerkstatt FEUERWEHR, POLIZEI & Co.
Unsere Helfer in der Not unter der Lupe – Bestell-Nr. 12 322
KOHL VERLAG

II. Jonathan und Maximilian gehen zur Feuerwehr

Heute gehen wir zu Sylvi, Mamas bester Freundin. Wie du weißt, ist sie bei der Feuerwehr, ja wirklich! Es gibt zwar hauptsächlich männliche Feuerwehrleute, aber einige Frauen sind auch da. Komisch oder, denn das Wort „Feuerwehrfrau" habe ich noch nie gehört, eigentlich ungerecht!

Meist denken wir bei dem Hören der Sirenen sofort an einen Brand, den die Feuerwehr löschen muss. Aber das ist nicht immer so! Wenn die Wagen mit Blaulicht und Sirene durch die Stadt fahren, sind sie zum Beispiel auch zum Retten von Menschen oder Tieren aus gefährlichen Situationen unterwegs, um Keller leer zu pumpen, Sturmschäden zu beseitigen, bei Verkehrsunfällen zu helfen und vieles mehr. Was genau, wirst du gemeinsam mit Jonathan und mir erforschen. Bist du neugierig geworden?

Dann lass uns gleich anfangen, auf geht's!

II. Jonathan und Maximilian gehen zur Feuerwehr

Merkwörter zum Thema „Feuerwehr" (Klasse 2)

Du brauchst:
- Schreibstift
- Buntstifte

EA **Aufgabe 1:** *Auch ein Feuerwehrmann braucht ein gutes Gedächtnis und Schreibkenntnisse! Überschreibe die neuen Merkwörter mit einem farbigen Stift.*

die Feuerwehr das Feuer

der Brand die Gefahr

der Notruf löschen fahren

heiß gefährlich

EA **Aufgabe 2:** *Schreibe die neuen Merkwörter ab.*

EA **Aufgabe 3:** *Kreise die Nomen farbig ein und bilde von jedem Nomen die Mehrzahl.*

EA **Aufgabe 4:** *Kreise alle Verben mit einer anderen Farbe ein und führe den Personentest durch.*

Beispiel: ich laufe, du läufst, er/sie/es läuft, wir laufen, ...

Lernwerkstatt FEUERWEHR, POLIZEI & Co.
Unsere Helfer in der Not unter der Lupe – Bestell-Nr. 12 322
KOHL VERLAG

Merkwörter zum Thema „Polizei" (Klasse 3/4)

Du brauchst:
- Schreibstift
- Buntstifte

EA **Aufgabe 1**: *Auch ein Feuerwehrmann braucht ein gutes Gedächtnis und Schreibkenntnisse! Überschreibe die neuen Merkwörter mit einem farbigen Stift.*

die Feuerwehr das Feuer

das Alarmsignal der Einsatzort

der Brandherd die Leitstelle

der Brand die Gefahr

bekämpfen kommen löschen

fahren heiß gefährlich

schnell der Notruf

EA **Aufgabe 2**: *Schreibe die neuen Merkwörter ab.*

____

____

____

____

____

____

____

Lernwerkstatt FEUERWEHR, POLIZEI & Co.
Unsere Helfer in der Not unter der Lupe – Bestell-Nr. 12 322
KOHL VERLAG

Merkwörter zum Thema „Feuerwehr" (Klasse 3/4)

EA

Aufgabe 3: *Kreise die Nomen farbig ein und bilde von jedem Nomen die Mehrzahl.*

EA

Aufgabe 4: *Kreise alle Verben mit einer anderen Farbe ein und führe den Personentest durch.*

Beispiel: ich laufe, du läufst, er/sie/es läuft, wir laufen, ...

EA

Aufgabe 5: *Kreise alle Adjektive mit einer anderen Farbe ein und steigere sie.*

Beispiel: schnell, schneller, am schnellsten

Lernwerkstatt FEUERWEHR, POLIZEI & Co.
Unsere Helfer in der Not unter der Lupe – Bestell-Nr. 12 322
KOHL VERLAG

Diktat zum Thema „Feuerwehr“

Diktat Klasse 2

Unser Tag bei der Feuerwehr

Heute fahren wir zur Feuerwehr. Dort lernen wir, wie gefährlich ein Brand ist. Bei Feuer rufe ich den Notruf an. Sie löschen den Brand.

(29 Wörter)

Diktat Klasse 3/4

Unser Tag bei der Feuerwehr

Heute fahren wir zur Feuerwehr. Dort lernen wir, wie gefährlich ein Brand ist. Bei Feuer rufe ich den Notruf an. Sie löschen den Brand.
Der Brandherd wird bekämpft. Am Ende fahren alle zurück zur Wache.

(40 Wörter)

KOHL VERLAG
Lernwerkstatt FEUERWEHR, POLIZEI & Co.
Unsere Helfer in der Not unter der Lupe – Bestell-Nr. 12 322

II. Jonathan und Maximilian gehen zur Feuerwehr

Feuerwehr-Quiz

So geht's: Ein Kind liest die Aufgabe/Frage vor. Das andere Kind antwortet. Für jede richtige Antwort erhält dasjenige Kind einen Punkt. Falsche Karten werden wieder in den Stapel gemischt. Gewonnen hat der mit den meisten Punkten am Ende.

Frage: Wie wurden früher Brände gelöscht? **Antwort**: Früher haben die Menschen mit Eimerketten vom Brunnen bis hin zum Brand die Flammen bekämpft.	**Frage**: Wann wurde die Feuerlöschdampfspritze erfunden? **Antwort**: Sie wurde 1829 erfunden
Frage: Wann wurden die ersten mechanischen Löschgeräte, die Hand- oder Stockspritzen, erfunden? **Antwort**: Sie wurden im 15.Jahrhundert erfunden.	**Frage**: Wann kamen die ersten Löschzüge? **Antwort**: Sie kamen im 19. Jahrhundert und bestanden aus einer Drehleiter, einem Kohle-, Gerätewagen, einem Mannschaftstransporter.
Frage: Was erfanden die Menschen im 16. Jahrhundert zur Brandbekämpfung? **Antwort**: Sie erfanden fahrbare Handdruckspritzen.	**Frage**: Wo gab es die erste deutsche Berufsfeuerwehr? **Antwort**: 1847 schlossen sich Turner in Karlsruhe zusammen. 1851 wurde dann die erste deutsche Berufsfeuerwehr in Berlin gegründet.
Frage: Welche Feuerwehren gibt es heute? **Antwort**: Es gibt etwa 26000 Feuerwehren. Sie unterteilen sich in etwa 100 Berufsfeuerwehren (BF), 25000 Freiwillige Feuerwehren (FF), 900 Werksfeuerwehren (WF).	**Frage**: Was genau sind Berufsfeuerwehren? **Antwort**: BF bestehen aus hauptamtlich tätigen Einsatzkräften. Es gibt sie in Städten mit mehr als 100000 Einwohnern.
Frage: Was sind Freiwillige Feuerwehren? **Antwort**: FF bestehen aus ehrenamtlich tätigen Einsatzkräften. Es gibt sie in Dörfern und kleineren Städten.	**Frage**: Was sind Werksfeuerwehren? **Antwort**: WF werden von großen Betrieben, Werften, Raffinerien, Flughäfen, Kraftwerken u. a. eingerichtet und unterhalten.

II. Jonathan und Maximilian gehen zur Feuerwehr

Frage: Wie lautet das bundeseinheitliche Kennwort der Feuerwehr? **Antwort**: Das Kennwort lautet Florian.	**Frage**: Welche Aufgaben hat die Feuerwehr? **Antwort**: Brandbekämpfung, Hilfe bei Unfällen, Wassereinbrüchen, Sturmschäden, Großveranstaltungen, vorbeugende Brandschulung, Menschen und Tiere aus Notsituationen retten
Frage: Wie lautet der Wahlspruch der Feuerwehr? **Antwort**: Der Wahlspruch lautet: Retten – Löschen – Bergen – Schützen	**Frage**: Wie lange sind Feuerwehrkräfte einsatzbereit? **Antwort**: Feuerwehrkräfte sind 24 Stunden einsatzbereit.
Frage: Nenne die vier Brandklassen! **Antwort**: 1) Brände fester Stoffe (z.B. Papier, Holz, Kohle) 2) Brände flüssiger Stoffe (z.B. Öle, Fette, Benzin) 3) Brände gasförmiger Stoffe (z.B. Methan, Propan) 4) Brände von Metallen (z.B. Al, Mg)	**Frage**: Woraus besteht die Schutzausrüstung der Feuerwehrkräfte? **Antwort**: Sie besteht aus einem Schutzanzug, einem Helm, Handschuhen, Stiefeln, einem Sicherheitsgurt, einem Feuerwehrbeil, einer Feuerwehrleine.
Frage: Welche Schläuche gibt es? **Antwort**: Die verschiedenen Schläuche werden mit den Buchstaben A,B,C,D unterschieden. A-Schläuche sind mit 110 mm Durchmesser die größten, D- Schläuche mit 25 mm die kleinsten.	**Frage**: Was für Drehleitern gibt es? **Antwort**: Es gibt Drehleitern mit einem Gelenkmast und mit Korb (GM), welche mit Teleskopmast mit Korb (TM) und Drehleitern mit Korb (DLK).
Frage: Wann kommen Feuerwehrkräne zum Einsatz? **Antwort**: Z.B. bei verunglückten LKWs, der Rettung von Mensch und Tier, bei der Beseitigung umgestürzter Bäume	**Frage**: Was ist eine Jugendfeuerwehr? **Antwort**: Eine Jugendfeuerwehr ist eine Jugendorganisation, die ein Bestandteil der Freiwilligen Feuerwehr ist.
Frage: Wo befindet sich die größte Brandsimulationsanlage? **Antwort:** Die größte Brandsimulationsanlage befindet sich in Bruchsal bei Karlsruhe.	

Lernwerkstatt FEUERWEHR, POLIZEI & Co.
Unsere Helfer in der Not unter der Lupe – Bestell-Nr. 12 322
KOHL VERLAG

Eine Feuerwehrgeschichte schreiben

Du brauchst:
- Schreibstift
- Linienblatt

EA **Aufgabe 1:** *Lies dir die „Schreibtipps" genau durch.*

Schreibtipps für Geschichten

- Lass die erste Zeile für die Überschrift frei (schreibe sie erst ganz am Ende über deine Geschichte).
- Wenn du zu einem Bild schreibst, betrachte es genau, achte auf jede Einzelheit!
- Halte eine sinnvolle Reihenfolge ein.
- Denke an die Einleitung, den Hauptteil und den Schluss (Überschrift erst am Ende).
- Einleitung: Wer? Wo? Wann? Was? (Tipp: Gib den Personen Namen!)
- Hauptteil: Denke an passende Verben und Adjektive und verschiedene Satzanfänge.

Schluss: Denke dir ein sinnvolles, passendes und/oder überraschendes Ende aus.

EA **Aufgabe 2:** *Schau dir die Bilder an. Entscheide dich für ein Bild und überlege, was für eine Geschichte du schreiben möchtest. Gib deine Geschichte am Ende bei deinem Lehrer/deiner Lehrerin ab.*

Lernwerkstatt FEUERWEHR, POLIZEI & Co. Unsere Helfer in der Not unter der Lupe – Bestell-Nr. 12 322
KOHL VERLAG

II. Jonathan und Maximilian gehen zur Feuerwehr

Name: ______________________________ Datum: __________________

Liebe/r _________________________ ,

hiermit erhältst du eine Rückmeldung zu deiner Geschichte __________________ .

	☐	☐	☐	Bemerkungen
Überschrift				
Einleitung				
Hauptteil				
Schluss				
Du schreibst verständlich in vollständigen Sätzen.				
Du hältst die Erzählzeit ein.				
Du wählst passende Verben und Adjektive.				
Deine Geschichte hat einen roten Faden.				

II. Jonathan und Maximilian gehen zur Feuerwehr

Der Beruf Feuerwehrmann/Feuerwehrfrau

Du brauchst: ▪ Schreibstift

EA **Aufgabe 1:** *Lies den Text genau durch.*

Beruf Feuerwehrmann/Feuerwehrfrau

Um bei der Feuerwehr arbeiten zu dürfen, musst du einige Voraussetzungen erfüllen.

Die Einstellungsvoraussetzungen:

- mindestens einen Hauptschulabschluss
- eine geeignete handwerkliche Berufsausbildung, z.B. Schlosser, Elektriker, Kfz-Mechaniker
- nicht älter als 28 Jahre
- bestehen des Einstellungstests. Er besteht aus einem Diktat, einem Aufsatz, Grundrechenaufgaben, einem Gespräch, einem Sport- und einem Gesundheitstest.

Die Ausbildung dauert insgesamt 2 Jahre:

6 Monate Grundausbildung

↓

3 Monate Lehrgang zum Rettungssanitäter

↓

und einen Maschinistenlehrgang wie auch weitere Lehrgänge

Die Feuerwehranwärter lernen den Umgang mit Spezialfahrzeugen, mit Maschinen, gefährlichen Stoffen und allem, was mit Feuer und Personenrettung zu tun hat. Am Ende erfolgt eine Prüfung zum Brandmeister.

KOHL VERLAG
Lernwerkstatt FEUERWEHR, POLIZEI & Co.
Unsere Helfer in der Not unter der Lupe – Bestell-Nr. 12 322

II. Jonathan und Maximilian gehen zur Feuerwehr

EA

Aufgabe 2: *Beantworte jetzt die Fragen zum Text. Denke daran, Satzanfänge groß zu schreiben und am Satzende einen Punkt zu setzen!*

a) Nenne geeignete handwerkliche Berufe für einen Feuerwehrmann.

____

____

____

b) Welche schriftlichen Aufgaben muss ein Feuerwehrmann beim Einstellungstest erfüllen?

____

____

____

c) Wie lange dauert die Ausbildung insgesamt?

____

____

____

d) Was lernen Feuerwehranwärter noch?

____

____

____

Was ist Feuer?

Du brauchst:
- Schreibstift
- Buntstifte

EA

Aufgabe 1: *Lies den Text genau durch.*

Was ist Feuer?

Feuer ist die Verbrennung, die unter Licht, Wärme und meist auch Flammenentwicklung, stattfindet.

Ein Feuer benötigt 3 Dinge:

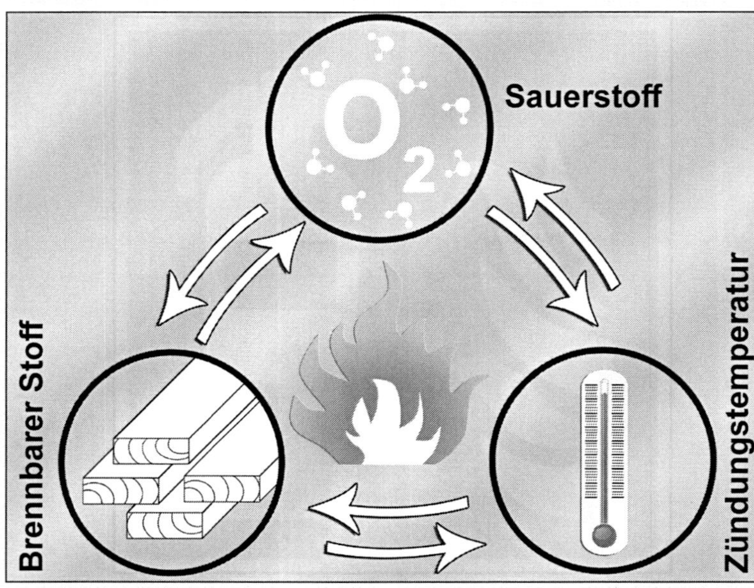

Was löscht ein Feuer?

Wenn du eine der drei Voraussetzungen (brennbares Material, Sauerstoff, Hitze) wegnimmst, erlischt das Feuer.
Als Faustregel gilt: Glut wird abgekühlt, Flammen werden erstickt.

Die Brandklassen:

Es gibt 4 Brandklassen:
1) Brände fester Stoffe (z.B. Papier, Holz, Kohle)
2) Brände flüssiger Stoffe (z.B. Öle, Fette, Benzin)
3) Brände gasförmiger Stoffe (z.B. Methan, Propan)
4) Brände von Metallen (z.B. Aluminium, Magnesium)

Welche Löschmittel gibt es?

Meist wird das Feuer mit Wasser gelöscht. Es gibt aber auch Löschwasser mit Zusätzen, Schaum, Pulver oder Löschgas.

Lernwerkstatt FEUERWEHR, POLIZEI & Co.
Unsere Helfer in der Not unter der Lupe – Bestell-Nr. 12 322
KOHL VERLAG

II. Jonathan und Maximilian gehen zur Feuerwehr

EA

Aufgabe 2: *Finde die folgenden Wörter im Suchsel. Markiere jedes Wort in einer anderen Farbe.*

Feuer, Verbrennung, Flamme, Glut, Sauerstoff, Brand, Schaum, Temperatur, Pulver, Gas

O	T	S	A	S	C	K	D	S	T	Y	P	Q	L
W	B	C	I	S	B	Q	D	U	J	F	N	Q	A
J	B	H	R	R	S	I	Q	K	T	B	D	F	G
D	T	A	Q	E	V	U	O	E	J	D	S	M	H
F	E	U	E	R	E	A	Q	F	H	P	S	X	I
T	E	M	P	E	R	A	T	U	R	Z	A	K	L
F	Z	O	M	C	B	G	E	Z	B	I	U	B	B
L	W	Q	Y	L	R	S	P	U	L	V	E	R	P
A	L	C	E	P	E	R	L	M	V	G	R	U	C
M	A	P	U	X	N	W	Y	N	V	A	S	K	E
M	H	B	R	A	N	D	X	J	Y	S	T	Y	A
E	I	A	G	L	U	T	N	E	E	M	O	P	X
U	N	Y	R	I	N	F	M	E	L	I	F	C	J
Z	U	O	I	F	G	Y	E	C	A	V	F	T	E

Lernwerkstatt FEUERWEHR, POLIZEI & Co.
Unsere Helfer in der Not unter der Lupe – Bestell-Nr. 12 322
KOHL VERLAG

Die Jugendfeuerwehr

Du brauchst: ▪ Schreibstift

EA **Aufgabe 1:** *Lies den Text genau durch.*

Die Jugendfeuerwehr

Die Jugendfeuerwehr ist eine Jugendorganisation, die Bestandteil der Freiwilligen Feuerwehr ist. Die Mädchen und Jungen lernen spielerisch den Löschdienst, Fahrzeug-, Gerätekunde, taktisches Verständnis, Grundlagen des Löschangriffs, Schläuche verlegen, Befehle erkennen, Erste Hilfe, Umweltschutz.

Wenn sie dies alles gelernt haben und anwenden können, erhalten sie das Jugendleistungsabzeichen. Später können sie noch die Prüfung zur Deutsche Jugendleistungsspanne ablegen. Ab diesem Zeitpunkt dürfen sie bei Einsätzen mitfahren und erste Aufgaben im Einsatzdienst übernehmen.

Das Einstiegsalter bei der Jugendfeuerwehr ist unterschiedlich. Meist beginnt es mit 10, manchmal aber auch erst mit 14 oder 16 Jahren. Die Vollendung des 18. Lebensjahres beendet die Mitgliedschaft. Neben allem was mit Feuerwehr zu tun hat wird viel Wert auf Spaß und Freizeitgestaltung gelegt. Es wird gemeinsam gebacken, gespielt, Zeltlager veranstaltet und vieles mehr.

EA **Aufgabe 2:** *Schreibe aus dem Text heraus:*

a) 5 Nomen mit Artikel: ______________________________

____

b) 5 Verben: ______________________________

____

c) 2 Adjektive: ______________________________

Lernwerkstatt FEUERWEHR, POLIZEI & Co.
Unsere Helfer in der Not unter der Lupe – Bestell-Nr. 12 322
KOHL VERLAG

II. Jonathan und Maximilian gehen zur Feuerwehr

Feuerwehr-Lexikon

KLEBEN	**AWFS**: ein in Deutschland entwickeltes automatisches Waldbrand Früherkennungssystem (besteht aus einer Videokamera und einem PC)	KLEBEN	**Berufsfeuerwehr**: Die Abkürzung lautet BF. Die Frauen und Männer sind hauptamtlich tätig.
KLEBEN	**Brandklasse**: Um die verschiedenen Brandabläufe besser überschauen zu können, hat man sie in 4 Brandklassen eingeteilt (feste, flüssige, gasförmige und metallene Brände)	KLEBEN	**Brandskimmer**: Der Brandskimmer ist ein schwimmendes Gerät, das Öl durch ein schräges Förderband unter die Wasseroberfläche zieht und in einem Raum dahinter sammelt.
KLEBEN	**Flash Over**: Rauch, der sich aufgrund von Sauerstoff plötzlich entzündet und zu einer Stichflamme wird	KLEBEN	**Freiwillige Feuerwehr**: Die Abkürzung lautet FF. Die Frauen und Männer sind ehrenamtlich tätig.
KLEBEN	**HLF**: Hilfeleistungs-Löschfahrzeug, sie können sowohl auf Straßen als auch auf Bahnschienen fahren	KLEBEN	**Höhenrettungsgruppe (HÖRG)**: Spezialisten der Feuerwehr
KLEBEN	**Hydrant**: ein Wasserspender für Löschwasser	KLEBEN	**Löschzug**: Ein Löschzug besteht in der Regel aus mindestens drei Fahrzeugen und einer Löschmannschaft.
KLEBEN	**Panther**: ein Löschfahrzeug auf Flughäfen	KLEBEN	**Rettungsschere**: Schneidegerät zum Öffnen von Türpfosten, Fahrzeugteilen
KLEBEN	**Rettungsspreizer**: zum Öffnen von Autodächern, Fahrzeugtüren, zum Wegbiegen von Wrackteilen und zum Auseinanderdrücken von Teilen	KLEBEN	**Sankt Florian**: Er ist der Schutzpatron der Feuerwehr.
KLEBEN	**Schutzausrüstung**: Sie besteht aus dem Schutzanzug, dem Helm, den Handschuhen, den Stiefeln, dem Sicherheitsgurt, dem Feuerwehrbeil und der Feuerwehrleine.	KLEBEN	**Waldbrände**: Es gibt bei den Waldbränden verschiedene Arten, Erdfeuer, Boden- oder Lauffeuer, Wipfelfeuer, Vollfeuer.
KLEBEN	**Warnstufe**: Die Warnstufe gibt an, wie gefährdet bestimmte Waldgebiete sind (Stufe 1-4). **Tauchturm**: ein mit Wasser gefülltes Becken zum Üben von Tauchtiefen (10 m bis 150 m)	KLEBEN	**Werksfeuerwehren**: Die Abkürzung lautet WF. Sie werden z.B. von Betrieben, Werften, Flughäfen eingerichtet und unterhalten.

So geht's: Du brauchst eine Schere und Kleber. Schneide die einzelnen Seiten aus. Klebe die Seiten an den Klebelaschen zusammen. Danach kannst du es zu einem kleinen Büchlein falten.

III. Jonathan und Maximilian gehen zum Rettungsdienst

Heute sind wir beim DRK, das ist die Abkürzung für „Deutsches Rotes Kreuz". Überall kann plötzlich ein Unfall passieren, jemand in Not kommen, dann ist ein schnelles und überlegtes Handeln wichtig.

Beim DRK lernst du, wie du dich in Gefahrensituationen richtig verhälst und dadurch unter Umständen Leben retten kannst.

Maximilian und ich sind schon ganz gespannt, was uns Wolfgang, einer der Rot-kreuzler, heute alles zeigen und ausprobieren lassen wird und was wir am Ende Neues gelernt haben.

Aber nun lange Rede kurzer Sinn: Auf geht's!!

KOHL VERLAG Lernwerkstatt FEUERWEHR, POLIZEI & Co. Unsere Helfer in der Not unter der Lupe – Bestell-Nr. 12 322

III. Jonathan und Maximilian gehen zum Rettungsdienst

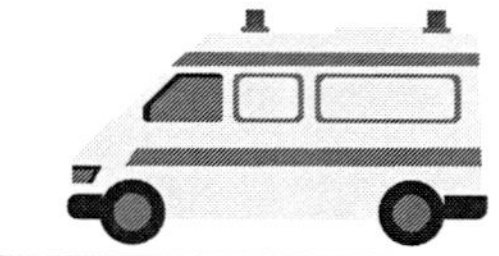

Merkwörter zum Thema „Rettungsdienst" (Klasse 2)

Du brauchst:
- Schreibstift
- Buntstifte

EA **Aufgabe 1**: *Auch ein Rettungssanitäter/eine Rettungssanitäterin braucht ein gutes Gedächtnis und Schreibkenntnisse! Überschreibe die neuen Merkwörter mit einem farbigen Stift.*

die Erste Hilfe die Wunde

trösten der Verband

helfen die Gefahr retten

zeigen verbinden der Notruf

EA **Aufgabe 2**: *Schreibe die neuen Merkwörter ab.*

EA **Aufgabe 3**: *Kreise die Nomen farbig ein und bilde von jedem Nomen die Mehrzahl.*

EA **Aufgabe 4**: *Kreise alle Verben mit einer anderen Farbe ein und führe den Personentest durch.*

Beispiel: ich laufe, du läufst, er/sie/es läuft, wir laufen, ...

Lernwerkstatt FEUERWEHR, POLIZEI & Co. Unsere Helfer in der Not unter der Lupe – Bestell-Nr. 12 322
KOHL VERLAG

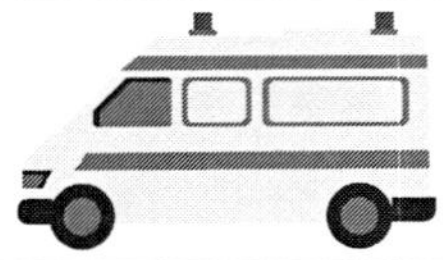

Merkwörter zum Thema „Rettungsdienst" (Klasse 3/4)

Du brauchst:
- Schreibstift
- Buntstifte

EA

Aufgabe 1: *Auch ein Rettungssanitäter/eine Rettungssanitäterin braucht ein gutes Gedächtnis und Schreibkenntnisse! Überschreibe die neuen Merkwörter mit einem farbigen Stift.*

die Erste Hilfe die Wunde

der Verband der Notruf helfen

die Gefahr retten verbinden

trösten zeigen unterkühlt

der Erste-Hilfe-Kurs bewusstlos

absichern entfernen

die Katastrophe die Unfallstelle

die Prävention die Maßnahme

EA

Aufgabe 2: *Schreibe die neuen Merkwörter ab.*

Lernwerkstatt FEUERWEHR, POLIZEI & Co. Unsere Helfer in der Not unter der Lupe – Bestell-Nr. 12 322
KOHL VERLAG

III. Jonathan und Maximilian gehen zum Rettungsdienst

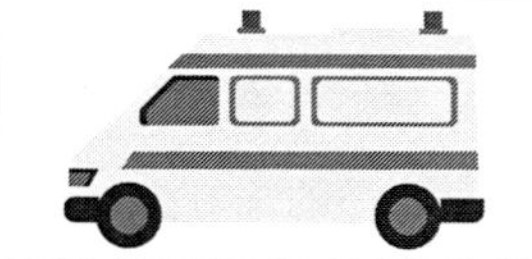

Merkwörter zum Thema „Rettungsdienst" (Klasse 3/4)

EA

Aufgabe 3: *Kreise die Nomen farbig ein und bilde von jedem Nomen die Mehrzahl.*

EA

Aufgabe 4: *Kreise alle Verben mit einer anderen Farbe ein und führe den Personentest durch.*

Beispiel: ich laufe, du läufst, er/sie/es läuft, wir laufen, ...

EA

Aufgabe 5: *Kreise alle Adjektive mit einer anderen Farbe ein und steigere sie.*

Beispiel: schnell, schneller, am schnellsten

Dieses Adjektiv kann man steigern:

Dieses Adjektiv kann man nicht steigern:

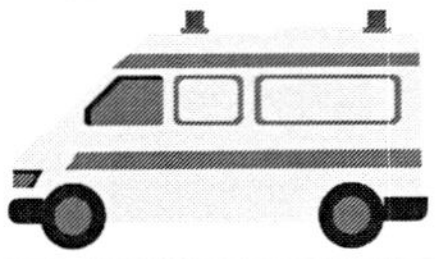

Diktat zum Thema „Rettungsdienst“

Diktat Klasse 2

Wir besuchen den Rettungsdienst

DRK ist die Abkürzung für Deutsches Rotes Kreuz. Dort lernst du Erste Hilfe, einen Verband anlegen, den Notruf, eine Wunde verbinden und noch mehr. Es ist toll, anderen helfen zu können.

(35 Wörter)

Diktat Klasse 3/4

Wir besuchen den Rettungsdienst

DRK ist die Abkürzung für Deutsches Rotes Kreuz. Dort lernst du Erste Hilfe, einen Verband anlegen, den Notruf, eine Wunde verbinden und noch mehr. Es ist toll, anderen helfen zu können.
Wichtig ist, den anderen zu trösten und die Unfallstelle abzusichern. Manche sind bewusstlos oder unterkühlt. Im Rotkreuzkurs lernst du Maßnahmen zur Prävention. Entferne dich nicht einfach vom Unfall, sondern zeige einem Erwachsenen die Stelle.

(69 Wörter)

Lernwerkstatt FEUERWEHR, POLIZEI & Co. Unsere Helfer in der Not unter der Lupe – Bestell-Nr. 12 322
KOHL VERLAG

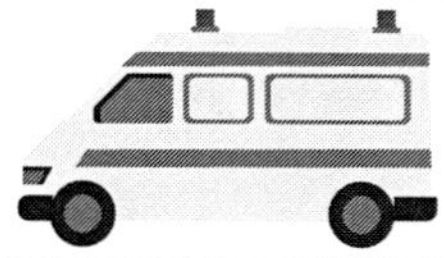

Eine Rettungsdienst-Geschichte schreiben

Du brauchst:
- Schreibstift
- Linienblatt

EA **Aufgabe 1:** *Lies dir die „Schreibtipps" genau durch.*

Schreibtipps für Geschichten

- Lass die erste Zeile für die Überschrift frei (schreibe sie erst ganz am Ende über deine Geschichte).
- Wenn du zu einem Bild schreibst, betrachte es genau, achte auf jede Einzelheit!
- Halte eine sinnvolle Reihenfolge ein.
- Denke an die Einleitung, den Hauptteil und den Schluss (Überschrift erst am Ende).
- Einleitung: Wer? Wo? Wann? Was? (Tipp: Gib den Personen Namen!)
- Hauptteil: Denke an passende Verben und Adjektive und verschiedene Satzanfänge.

Schluss: Denke dir ein sinnvolles, passendes und/oder überraschendes Ende aus.

EA **Aufgabe 2:** *Schau dir die Bilder an. Entscheide dich für ein Bild und überlege, was für eine Geschichte du schreiben möchtest. Gib deine Geschichte am Ende bei deinem Lehrer/deiner Lehrerin ab.*

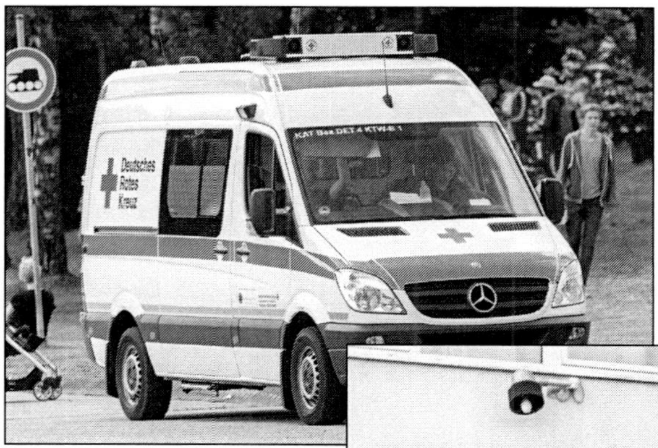

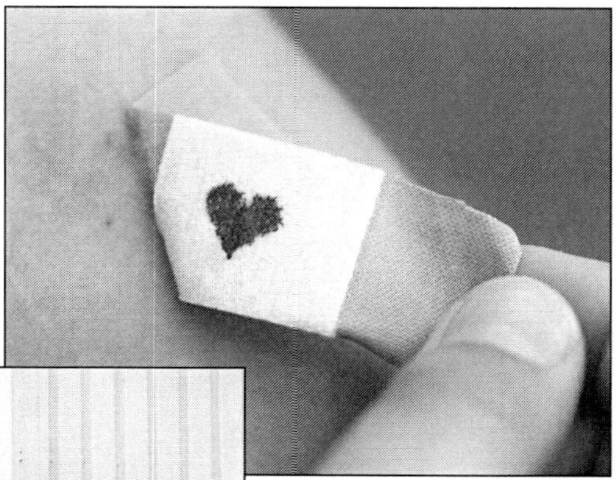

Lernwerkstatt FEUERWEHR, POLIZEI & Co.
Unsere Helfer in der Not unter der Lupe – Bestell-Nr. 12 322
KOHL VERLAG

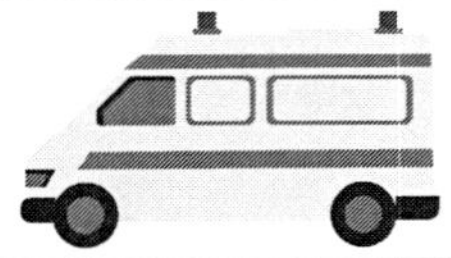

Die Rettungsgasse

Du brauchst: ▪ Schreibstift

EA **Aufgabe 1**: *Lies den Text genau durch.*

Die Rettungsgasse

Wenn sich der Verkehr staut, muss sofort eine Rettungsgasse gebildet werden. Das ist wichtig, damit Rettungsfahrzeuge schnellstmöglich zum Unfall kommen. Jeder kann helfen, dass sie rasch erfolgt, noch bevor Polizei oder Rettungswagen kommen.

Jeder Fahrer muss seine Fahrt verlangsamen. Autos der linken Spur fahren an den linken Fahrbahnrand, Autos der rechten Spur fahren an den rechten Fahrbahnrand. Hat die Fahrbahn mehr als zwei Spuren, fahren nur die Autos der linken Spur an den linken Fahrbahnrand, die restlichen fahren an den rechten Fahrbahnrand. Dabei müssen die Seitenstreifen rechts und links frei gehalten werden!

EA **Aufgabe 2**: *Auf welchem Bild wird dargestellt, wie eine Rettungsgasse richtig gebildet wird? Kreuze an.*

1

2

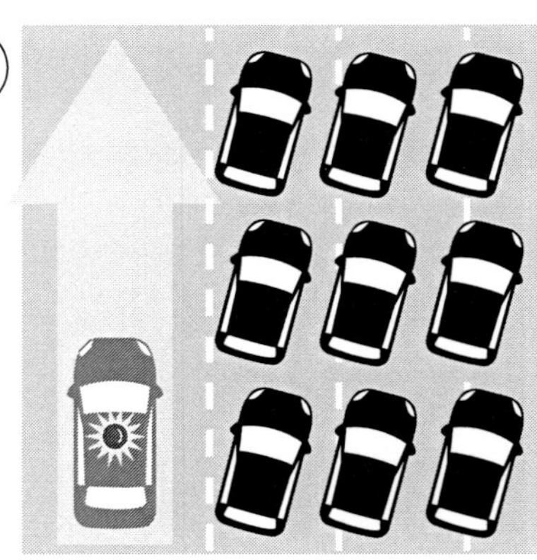

3

4

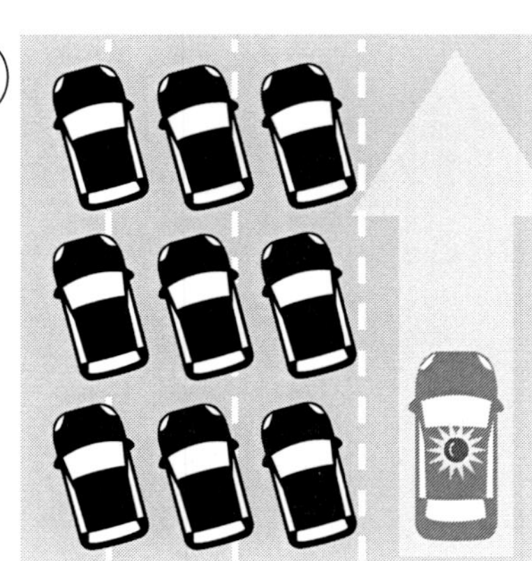

KOHL VERLAG Lernen mit Erfolg
Lernwerkstatt FEUERWEHR, POLIZEI & Co. – Bestell-Nr. 12 322
Unsere Helfer in der Not unter der Lupe

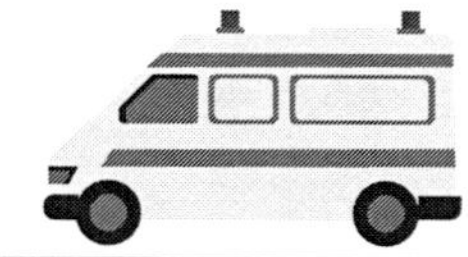

Notrufnummern

Du brauchst: ▪ Buntstifte

EA **Aufgabe 1**: *Lies den Text genau durch.*

Notrufnummern

Der Notruf 112 ist eine europaweit einheitliche und kostenfreie Nummer für den Rettungsdienst und die Feuerwehr. In allen lebensbedrohlichen Situationen muss der Notruf, egal von wem, abgesetzt werden. Das gilt auch dann, wenn Unsicherheit besteht bzw. Zweifel, ob die Verletzung wirklich schlimm ist. Natürlich darf diese Nummer nicht missbraucht werden, um Streiche zu spielen!

Weitere wichtige Nummern sind 110 von der Polizei, 116117 von dem ärztlichen Bereitschaftsdienst. In Berlin gibt es noch die Giftinformationszentrale unter 030 19240. Das DRK hat auch einen Hausnotruf, zu dem man sich unter 08000365000 beraten lassen kann.

EA **Aufgabe 2**: *Welche Karten gehören zusammen? Male sie jeweils in der gleichen Farbe an.*

08000365000	Polizei
030 19240	Ärztlicher Bereitschaftsdienst
112	Notrufnummer
116117	Beratung zum Hausnotruf
110	Giftinformationszentrale Berlin

Lernwerkstatt FEUERWEHR, POLIZEI & Co. – Bestell-Nr. 12 322
Unsere Helfer in der Not unter der Lupe
KOHL VERLAG

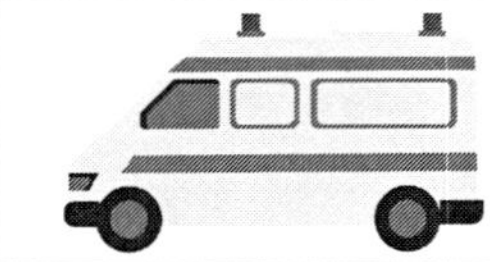

Was tue ich bei Nasenbluten?

Du brauchst: ▪ Schreibstift

EA **Aufgabe 1**: *Lies den Text genau durch.*

Wie kann ich bei Nasenbluten helfen?

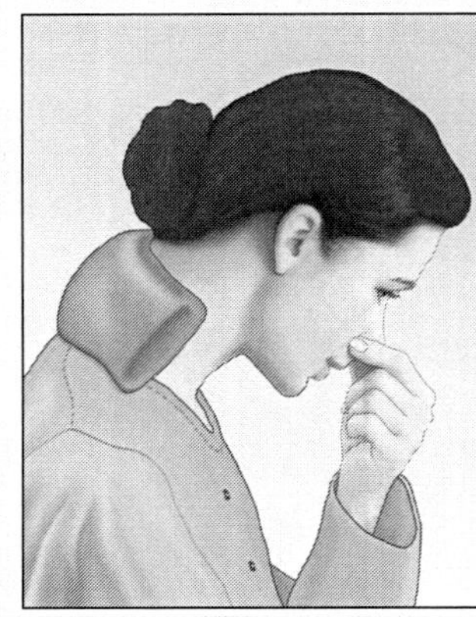

Manchmal bekommen Menschen Nasenbluten. Das ist nicht schmerzhaft, aber sehr unangenehm. Gründe dafür können ein hoher Blutdruck, Überanstrengung oder Veranlagung sein. Wenn du hilfst, ist folgendes wichtig:

- Bleib ruhig, auch wenn es stark blutet.
- Denke an den Eigenschutz, ziehe z.B. Handschuhe an.
- Setze die Person hin, der Oberkörper bleibt aufgerichtet und der Kopf wird leicht nach vorne geneigt.
- Bitte die Person, durch den Mund zu atmen und halte mit einem Tuch die Nase zu.
- Kühle Umschläge im Nacken helfen und sind angenehm.
- Entferne keine Blutkrusten aus den Nasenlöchern.
- Wenn die Blutung länger dauert, lagere die Person auf den Bauch und setze einen Notruf ab.

EA **Aufgabe 2**: *Beantworte jetzt die Fragen zum Text. Denke daran, Satzanfänge groß zu schreiben und am Satzende einen Punkt zu setzen!*

a) Wie soll bei Nasenbluten die Person gelagert werden?

____

____

b) Ist es richtig, die Nase zu säubern?

____

____

c) Was tust du, wenn die Blutung nicht aufhört?

____

____

KOHL VERLAG Lernwerkstatt FEUERWEHR, POLIZEI & Co. Unsere Helfer in der Not unter der Lupe – Bestell-Nr. 12 322

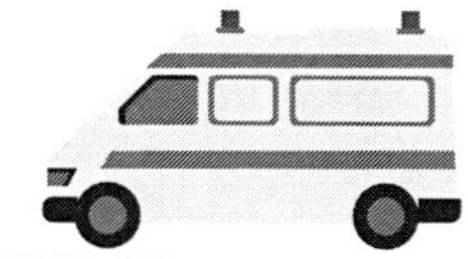

Sonnenstich, Hitzschlag, Hitzeerschöpfung

Du brauchst:
- Schreibstift
- Schere
- Kleber

EA

Aufgabe 1: *Lies den Text genau durch.*

Sonnenstich, Hitzschlag, Hitzeerschöpfung

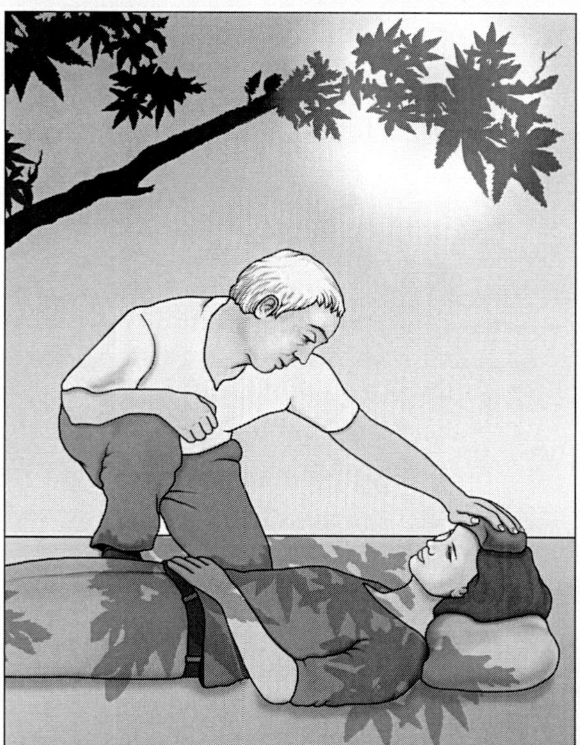

Ein Sonnenstich kann entstehen, wenn du ohne Kopfbedeckung lange in der Sonne warst. Deine Hirnhäute werden dadurch gereizt. In solchen Momenten bekommst du einen roten Kopf, obwohl deine Körpertemperatur normal ist. Du hast Kopfschmerzen, dir wird übel und du musst dich vielleicht sogar übergeben. Manchmal kann es sein, dass dein Nacken steif ist und du sogar bewusstlos wirst. Wenn du jemanden siehst, der einen Sonnenstich hat, hole ihn aus der Sonne, lagere ihn mit erhöhtem Oberkörper und kühle den Kopf mit feuchten Tüchern.

Eine Hitzeerschöpfung tritt ein, wenn der Körper durch hohe Temperaturen viel Wasser verloren hat. Die Person ist dann sehr blass, schwitzt stark (kalter Schweiß) und klagt über Schwindel und Übelkeit. Manche müssen sich übergeben, haben einen schnellen Puls und werden ohnmächtig. Du kannst helfen, indem du sie mit leicht erhöhtem Oberkörper im Schatten lagerst, die Beine hochlegst und überflüssige Kleidung ausziehen lässt.

Bei einem Hitzschlag bildet der Körper eine hohe Temperatur, Schweiß wird nicht gebildet und die Person bekommt einen roten Kopf. Stechende Kopfschmerzen, eine hohe Körpertemperatur, Übelkeit/Erbrechen, schneller Pulsschlag und manchmal auch Bewusstlosigkeit sind weitere Symptome. Solche Personen musst du in den Schatten bringen, mit feuchten Tüchern kühlen und mit leicht erhöhtem Oberkörper lagern.

Lernwerkstatt FEUERWEHR, POLIZEI & Co. – Bestell-Nr. 12 322
Unsere Helfer in der Not unter der Lupe
KOHL VERLAG

III. Jonathan und Maximilian gehen zum Rettungsdienst

EA

Aufgabe 2: *Die Frau auf dem Bild war zu lange in der Sonne und jetzt geht es ihr schlecht. Handelt der Mann richtig? Begründe.*

____

____

____

____

____

____

EA

Aufgabe 3: *Schneide die Kärtchen aus.*

roter Kopf, normale Körpertemperatur, Kopfschmerzen, Schwindel, Übelkeit, Erbrechen, ggf. Bewusstlosigkeit	Person in den Schatten bringen, mit leicht erhöhtem Oberkörper lagern, überflüssige Kleidung ausziehen, mit feuchten, kalten Tüchern kühlen	roter Kopf, hohe Körpertemperatur, starke Kopfschmerzen, Übelkeit/Erbrechen/Schwindel, ggf. Bewusstlosigkeit
körperliche Anstrengung bei hohen Temperaturen, der Körper bildet keinen Schweiß, die Körpertemperatur steigt	Person in den Schatten bringen, mit leicht erhöhtem Oberkörper lagern, Beine erhöhen, überflüssige Kleidung ausziehen, mit feuchten, kalten Tüchern kühlen	Person in den Schatten bringen, mit leicht erhöhtem Oberkörper lagern, überflüssige Kleidung ausziehen, mit feuchten kalten Tüchern kühlen
Blässe, starkes Schwitzen (kalter Schweiß), Übelkeit/Erbrechen/Schwindel, schneller Puls, ggf. Bewusstlosigkeit	lange und starke Sonneneinstrahlung, ungeschützter Kopf	starkes Schwitzen durch hohe Temperaturen, der Körper verliert dadurch viel Flüssigkeit

KOHL VERLAG
Lernwerkstatt FEUERWEHR, POLIZEI & Co.
Unsere Helfer in der Not unter der Lupe – Bestell-Nr. 12 322

III. Jonathan und Maximilian gehen zum Rettungsdienst

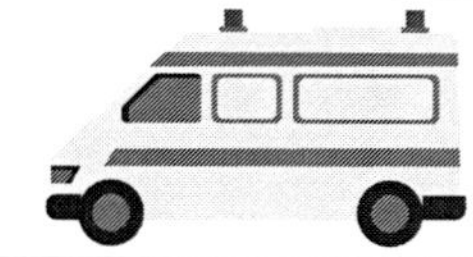

EA

Aufgabe 4: *Lege die Kärtchen an die richtige Stelle. Überprüfe die Lösung und klebe dann ein.*

	Sonnenstich	Hitzeerschöpfung	Hitzschlag
Ursache			
Erkennen			
Helfen			

Lernwerkstatt FEUERWEHR, POLIZEI & Co.
Unsere Helfer in der Not unter der Lupe – Bestell-Nr. 12 322
KOHL VERLAG

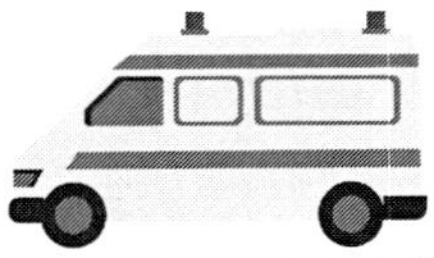

Der Erste-Hilfe-Kasten

Du brauchst:
- Schreibstift
- Buntstifte

EA **Aufgabe 1:** *Lies den Text genau durch.*

Der Erste-Hilfe-Kasten

Der Erste-Hilfe-Kasten gehört in jedes Fahrzeug, in jedem öffentlichen Gebäude befinden sich mehrere und aus der Schule kennen ihn sicher auch die meisten. Er gehört ebenso zur Standardausrüstung wie das Warndreieck und eine Warnweste im Auto. Du solltest ihn dir mal in Ruhe anschauen, um im Notfall zu wissen, wie du mit ihm umgehst und was du darin alles findest.

Vorgeschrieben sind folgende Dinge:

- Erste-Hilfe-Anleitung
- Fixierbinden
- Kälte-Sofortkompresse
- Einmalhandschuhe
- Verbandspäckchen
- Feuchttücher
- Augenkompressen
- Verbandtücher
- Pflaster
- Vliesstofftücher
- Dreieckstücher
- Rettungsdecke
- Heftpflaster
- Schere

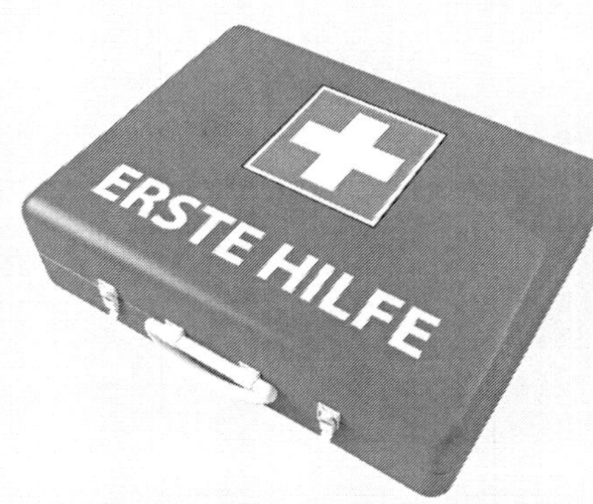

EA **Aufgabe 2:** *Beschrifte die Dinge, die du kennst. Was fehlt? Male/Schreibe es dazu.*

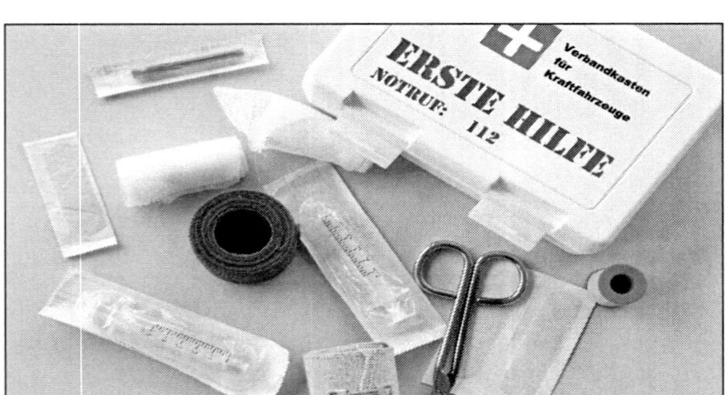

____

____

Lernwerkstatt FEUERWEHR, POLIZEI & Co. Unsere Helfer in der Not unter der Lupe – Bestell-Nr. 12 322
KOHL VERLAG

Das Deutsche Rote Kreuz

Du brauchst: ▪ Schreibstift

EA **Aufgabe 1:** *Lies den Text genau durch.*

Das Deutsche Rote Kreuz

Das Deutsche Rote Kreuz zählt mehr als 3 Millionen Mitglieder. Viele helfen ehrenamtlich in ihrer Freizeit, um andere Menschen zu unterstützen. Sie alle sind in vielen Bereichen aktiv. Das Rote Kreuz bietet Hilfe in den verschiedensten Bereichen an. Hausnotruf, Bundesfreiwilligendienst, Erste-Hilfe-Kurse, Besuchs- und Einkaufsdienste, ambulante Pflegedienste und vieles mehr.

EA **Aufgabe 2:** *Ordne Bild und Text richtig zu.*

1. Hausnotruf
2. BFD
3. Erste-Hilfe-Kurs
4. Besuchs- und Einkaufshilfe
5. Pflegedienst

a 

b 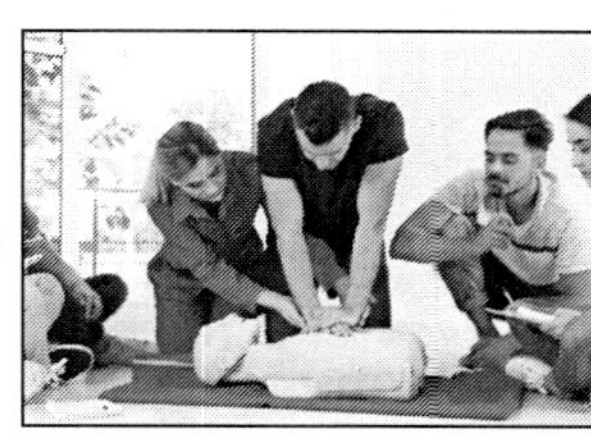

c 

d 

e 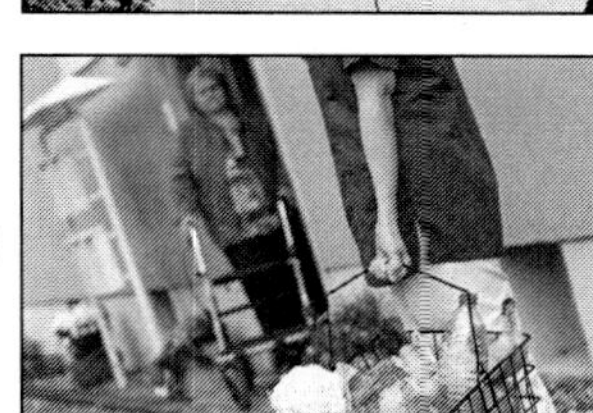

Lernwerkstatt FEUERWEHR, POLIZEI & Co.
Unsere Helfer in der Not unter der Lupe – Bestell-Nr. 12 322
KOHL VERLAG

IV. Jonathan und Maximilian entdecken das THW

Wir haben jetzt unsere letzte Ferienwoche und Jonathan und ich wollen uns zum Schluss noch das THW anschauen. Das bedeutet „Technisches Hilfswerk“.

Du hast noch nie was davon gehört? Ja, das stimmt, Fahrzeuge vom THW sieht man nicht allzu oft. Sie sind blau. Das THW kommt immer bei Katastrophen zum Einsatz, also z.B. bei Erdbeben, Überschwemmungen oder bei einem Flugzeugabsturz.

Aber ehrlich gesagt wissen wir auch noch nicht so viel über das THW. Deshalb sind wir ganz gespannt, was uns Stefan, ein Mitarbeiter des THW, heute alles zeigen und erklären wird!

Am besten gehen wir gleich los, auf geht's!

KOHL VERLAG
Lernwerkstatt FEUERWEHR, POLIZEI & Co.
Unsere Helfer in der Not unter der Lupe – Bestell-Nr. 12 322

IV. Jonathan und Maximilian entdecken das THW

Merkwörter zum Thema „THW" (Klasse 2)

Du brauchst:
- Schreibstift
- Buntstifte

EA **Aufgabe 1:** *Auch ein Mitarbeiter/eine Mitarbeiterin des THW braucht ein gutes Gedächtnis und Schreibkenntnisse! Überschreibe die neuen Merkwörter mit einem farbigen Stift.*

das Technische Hilfswerk

der Zivilschutz die Katastrophe

der Schutz die Organisation

ehrenamtlich kämpfen retten

hauptamtlich

EA **Aufgabe 2:** *Schreibe die neuen Merkwörter ab.*

EA **Aufgabe 3:** *Kreise die Nomen farbig ein und bilde von jedem Nomen die Mehrzahl.*

EA **Aufgabe 4:** *Kreise alle Verben mit einer anderen Farbe ein und führe den Personentest durch.*

Beispiel: ich laufe, du läufst, er/sie/es läuft, wir laufen, ...

Lernwerkstatt FEUERWEHR, POLIZEI & Co.
Unsere Helfer in der Not unter der Lupe – Bestell-Nr. 12 322
KOHL VERLAG

Merkwörter zum Thema „THW" (Klasse 3/4)

Du brauchst:
- Schreibstift
- Buntstifte

Aufgabe 1: *Auch ein Mitarbeiter/eine Mitarbeiterin des THW braucht ein gutes Gedächtnis und Schreibkenntnisse! Überschreibe die neuen Merkwörter mit einem farbigen Stift.*

das Technische Hilfswerk

der Zivilschutz die Katastrophe

der Schutz die Organisation

ehrenamtlich kämpfen retten

hauptamtlich der Unfall

die Katastrophenschutzorganisation

das Mitglied gründen zerstört

die Kriegseinwirkung angreifen

Aufgabe 2: *Schreibe die neuen Merkwörter ab.*

IV. Jonathan und Maximilian entdecken das THW

Merkwörter zum Thema „Rettungsdienst" (Klasse 3/4)

EA

Aufgabe 3: *Kreise die Nomen farbig ein und bilde von jedem Nomen die Mehrzahl.*

EA

Aufgabe 4: *Kreise alle Verben mit einer anderen Farbe ein und führe den Personentest durch.*

Beispiel: ich laufe, du läufst, er/sie/es läuft, wir laufen, ...

EA

Aufgabe 5: *Kreise alle Adjektive mit einer anderen Farbe ein. Steigere sie, wenn möglich. Welche kann man nicht steigern?*

Beispiel: schnell, schneller, am schnellsten

Dieses Adjektiv kann man steigern:

Diese Adjektive kann man nicht steigern:

IV. Jonathan und Maximilian entdecken das THW

Diktat zum Thema „THW“

Diktat Klasse 2

Unser Tag beim THW

THW ist die Abkürzung für Technisches Hilfswerk. Es ist eine Organisation für den Zivilschutz und die Unterstützung bei Katastrophen. Die Mitglieder sind ehrenamtlich und hauptamtlich tätig. Sie retten nur, kämpfen dürfen sie nicht.

(37 Wörter)

Diktat Klasse 3/4

Unser Tag beim THW

THW ist die Abkürzung für Technisches Hilfswerk. Es ist eine Organisation für den Zivilschutz und die Unterstützung bei Katastrophen. Die Mitglieder sind ehrenamtlich und hauptamtlich tätig. Sie retten nur, kämpfen dürfen sie nicht. Die Frauen und Männer dienen dem Schutz der Bevölkerung. Das THW wurde 1871 gegründet.

(51 Wörter)

IV. Jonathan und Maximilian entdecken das THW

Das THW

Du brauchst: ▪ Schreibstift
▪ Linienblatt

EA **Aufgabe 1**: *Lies den Text genau durch. Beantworte dann die Fragen.*

THW ist die Abkürzung für Technisches Hilfswerk. Es ist eine deutsche Zivil- und Katastrophenschutzorganisation des Bundes mit ehrenamtlich und hauptamtlich arbeitenden Mitgliedern. Das THW wurde 1879 gegründet. Es hat viele verschiedene Aufgaben. In Somalia hab es zum Beispiel einen Trinkwasserbrunnen gebaut. Es unterstützt die Feuerwehr bei ihrer Arbeit. Es dient dem Schutz der Bevölkerung vor Kriegseinwirkungen. Das THW gehört dem Bundesministerium des Inneren an. Wichtig ist, dass die Mitglieder nicht kämpfen dürfen, selbst wenn sie angegriffen werden. Im In- und Ausland hilft das THW als humanitärer Botschafter zum Beispiel bei Naturkatastrophen und Unfällen.

EA **Aufgabe 2**: *Beantworte jetzt die Fragen zum Text. Denke daran, Satzanfänge groß zu schreiben und am Satzende einen Punkt zu setzen!*

a) Was genau ist das THW?

____

____

b) Wann wurde das THW gegründet?

____

____

c) Nenne einige Aufgaben des THW.

____

____

Lernwerkstatt FEUERWEHR, POLIZEI & Co.
Unsere Helfer in der Not unter der Lupe – Bestell-Nr. 12 322
KOHL VERLAG

IV. Jonathan und Maximilian entdecken das THW

EA

Aufgabe 3: *Finde die folgenden Wörter im Suchsel. Markiere jedes Wort in einer anderen Farbe.*

Zivilschutz, Mitglieder, retten, Unfall, ehrenamtlich, Schutz, Naturkatastrophe, Ausland, Kriegseinwirkungen

Q	I	T	E	D	J	I	T	R	C	K	F	Y	K	T	D	D	K	B	Z
I	S	K	Q	V	U	I	U	N	Q	M	K	W	K	Q	F	M	R	P	Q
G	M	W	N	G	G	V	Z	E	H	R	E	N	A	M	T	L	I	C	H
B	C	E	T	Z	S	I	P	Y	O	B	U	Q	P	E	W	G	E	J	P
N	N	U	Z	I	V	I	L	S	C	H	U	T	Z	Y	T	T	G	S	Q
B	Z	F	N	P	W	O	W	V	U	T	V	A	M	D	X	C	S	M	H
D	L	R	N	T	I	G	A	B	N	U	M	G	S	V	I	P	E	Z	T
P	R	C	C	M	D	M	P	G	M	A	T	T	A	H	Q	P	I	H	V
N	M	A	H	P	Q	J	C	I	E	V	T	K	H	Y	B	J	N	J	P
R	L	M	X	E	M	M	L	I	Y	L	V	U	L	L	I	C	W	R	N
X	B	A	Q	I	I	J	P	A	X	H	L	T	X	A	X	X	I	R	S
W	S	P	U	Z	T	Q	F	A	L	I	I	B	X	A	A	U	R	V	A
Z	N	T	N	Y	G	M	Y	U	U	R	J	B	S	R	G	Y	K	C	P
A	A	A	F	F	L	O	T	Y	D	E	Q	M	R	W	R	V	U	N	J
K	U	K	A	M	I	S	B	X	R	E	T	T	E	N	K	T	N	O	R
S	S	H	L	D	E	S	S	R	N	W	P	G	Z	B	W	R	G	E	E
T	L	K	L	M	D	R	K	M	W	S	K	H	M	F	O	S	E	Z	M
M	A	G	V	A	E	T	Y	B	R	N	G	R	H	F	L	H	N	O	D
I	N	A	T	U	R	K	A	T	A	S	T	R	O	P	H	E	X	E	H
O	D	X	P	D	I	A	D	T	S	C	H	U	T	Z	I	P	Q	V	T

Lernwerkstatt FEUERWEHR, POLIZEI & Co.
Unsere Helfer in der Not unter der Lupe – Bestell-Nr. 12 322
KOHL VERLAG

Lösungen

Kapitel I — Jonathan und Maximillian entdecken die Polizei

Merkwörter zum Thema „Polizei" (Klasse 2)

Aufgabe 3: der Polizist → die Polizisten, die Polizistin → die Polizistinnen, das Polizeirevier → die Polizeireviere, die Ordnung → die Ordnungen, die Sicherheit → die Sicherheiten

Aufgabe 4: schützen (ich schütze, du schützt, er/sie/es schützt, wir schützen, ihr schützt sie schützen), ermitteln (ich ermitttle, du ermittelst, er/sie/es ermittelt, wir ermitteln, ihr ermittelt, sie ermitteln), verfolgen (ich verfolge, du verfolgst, er/sie/es verfolgt, wir verfolgen, ihr verfolgt, sie verfolgen)

Merkwörter zum Thema „Polizei" (Klasse 3/4)

Aufgabe 3: der Polizist → die Polizisten, die Dienstwaffe → die Dienstwaffen, die Uniform → die Uniformen, der Streifenwagen → die Streifenwagen, die Polizistin → die Polizistinnen, das Polizeirevier → die Polizeireviere, die Sicherheit → die Sicherheiten, die Ordnung → die Ordnungen

Aufgabe 4: schützen (ich schütze, du schützt, er/sie/es schützt, wir schützen, ihr schützt, sie schützen), ermitteln (ich ermittle, du ermittelst, er/sie/es ermittelt, wir ermitteln, ihr ermittelt, sie ermitteln), aufspüren (ich spüre auf, du spürst auf, er/sie/es spürt auf, wir spüren auf, ihr spürt auf, sie spüren auf), nachforschen (ich forsche nach, du forschst nach, er/sie/es forscht nach, wir forschen nach, ihr forscht nach, sie forschen nach), verfolgen (ich verfolge, du verfolgst, er/sie/es verfolgt, wir verfolgen, ihr verfolgt, sie verfolgen)

Aufgabe 5: spannend, spannender, am spannendsten; blitzschnell, blitzschneller, am blitzschnellsten; hartnäckig, hartnäckiger, am hartnäckigsten; erfolgreich, erfolgreicher, am erfolgreichsten; unermüdlich, unermüdlicher, am unermüdlichsten

Die Polizeiwache

Aufgabe 1:
a) Man kommt in das Anzeigenzimmer.
b) In den Untersuchungsraum.
c) Zwischen der Zelle und der Teeküche.

Aufgabe 2:

S	J	R	K	X	F	A	Q	P	G	W	T	A	Z	I
T	D	Z	Q	Q	M	M	A	R	Y	H	B	M	F	G
R	I	S	T	R	A	F	T	A	T	M	U	O	G	Q
E	Q	P	B	E	A	M	T	E	R	J	N	E	I	S
I	V	O	R	Z	I	M	M	E	R	D	T	W	E	F
F	U	L	V	E	R	Y	E	S	A	V	E	Z	F	J
E	V	I	V	F	J	G	W	E	B	Q	R	R	V	A
N	H	Z	E	L	L	E	K	S	N	I	S	W	I	V
W	L	I	K	N	H	S	D	J	E	P	U	C	H	X
A	R	S	H	H	X	U	K	M	H	H	C	L	H	J
G	N	T	D	I	E	N	S	T	G	U	H	O	R	S
E	D	Q	B	M	T	E	Z	F	S	A	U	A	G	L
N	Z	N	W	V	I	W	O	M	X	L	N	W	M	D
P	L	U	F	D	P	A	N	Z	E	I	G	E	D	D
I	T	D	U	E	I	F	N	M	B	ü	R	O	Z	A

Lösungen

Kapitel I Jonathan und Maximillian entdecken die Polizei

Aufgaben der Polizei

Aufgabe 2: Individuelle Lösungen

Aufgabe 3:

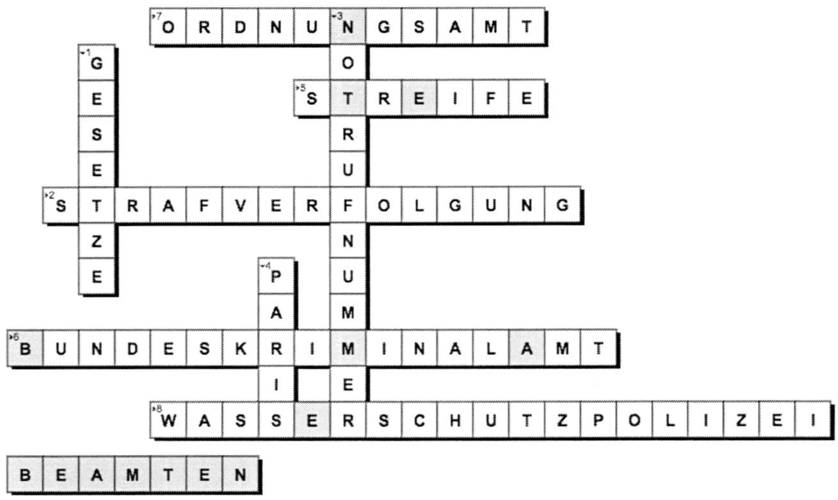

Polizisten und ihre Ausrüstung

Aufgabe 3: Es gehört nicht dazu: Schraubenzieher, Hammer, Schere, Akkubohrer, Aktenkoffer, Anzug

Aufgabe 2:

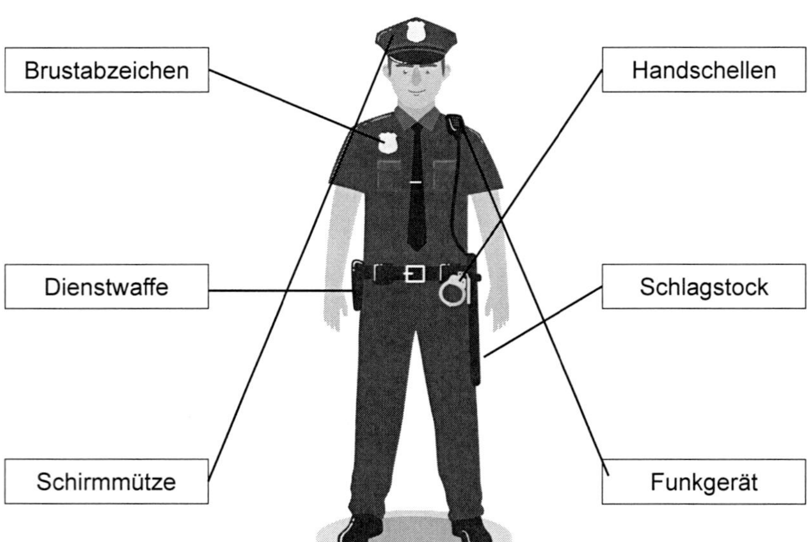

Aufgabe 3: Lösungswort: TATORT

Aufgabe 4:

Funkgerät:	Ein Polizist braucht es, um sich mit der Dienststelle zu verbinden.
Dienstwaffe:	Ein Polizist braucht sie, um sich in einer Gefahrensituation selbst oder andere zu schützen oder um jemanden an der Flucht zu hindern.
Handschellen:	Sie werden gebraucht, um jemanden festzunehmen.
Schlagstock:	Ein Polizist braucht ihn, um sich in einer Gefahrensituation selbst oder andere zu schützen.
Brustabzeichen:	Damit kann sich der Beamte als Polizist erkennbar machen.
Schirmmütze:	Damit kann sich der Beamte als Polizist erkennbar machen.
Polizeiauto:	Er braucht es, um z.B. zum Einsatzort zu kommen.
Taschenlampe:	Er braucht sie, um im Dunkeln ermitteln zu können.

Lösungen

Kapitel I Jonathan und Maximillian entdecken die Polizei

Der Beruf Polizist/Polizistin

Aufgabe 2:

S	W	D	S	T	R	E	I	F	E	Z	K	R	T
P	K	V	E	R	K	E	H	R	F	X	Q	E	K
O	V	E	H	P	S	N	A	I	P	H	E	A	W
R	E	D	N	X	D	X	C	F	T	N	I	K	S
T	B	W	H	U	K	E	D	E	L	L	A	T	I
L	G	E	D	A	E	C	H	T	N	I	S	I	C
I	R	A	U	S	B	I	L	D	U	N	G	O	H
C	T	D	D	E	S	O	H	P	H	T	V	N	E
H	E	J	A	B	X	S	J	D	U	F	G	E	R
P	O	L	I	Z	E	I	M	E	I	S	T	E	R
U	N	A	H	R	R	U	B	M	I	V	O	V	H
R	W	F	A	H	R	E	N	R	V	N	H	D	H
S	C	D	K	K	J	S	G	F	W	V	J	Y	L
O	S	T	R	A	F	T	A	E	T	E	R	H	Z

Das Polizeiauto

Aufgabe 1: In Deutschland sind Polizeiautos silber und haben einen blauen Streifen. Manchmal ist oberhalb und unterhalb des blauen Streifens jeweils noch ein neongelber Streifen. Die Schrift „Polizei“ ist weiß.

KOHL VERLAG
Lernwerkstatt FEUERWEHR, POLIZEI & Co.
Unsere Helfer in der Not unter der Lupe – Bestell-Nr. 12 322

Lösungen

Kapitel II Jonathan und Maximillian gehen zur Feuerwehr

Merkwörter zum Thema „Feuerwehr“ (Klasse 2)

Aufgabe 3: die Feuerwehr → die Feuerwehren, das Feuer → die Feuer, der Brand → die Brände, die Gefahr → die Gefahren, der Notruf → die Notrufe

Aufgabe 4: löschen (ich lösche, du löschst, er/sie/es löscht, wir löschen, ihr löscht, sie löschen), fahren (ich fahre, du fährst, er/sie/es fährt, wir fahren, ihr fahrt, sie fahren)

Merkwörter zum Thema „Feuerwehr" (Klasse 3/4)

Aufgabe 3: die Feuerwehr → die Feuerwehren, das Feuer → die Feuer, das Alarmsignal → die Alarmsignale, der Einsatzort → die Einsatzorte, der Brandherd → die Brandherde, die Leitstelle → die Leitstellen, der Brand → die Brände, die Gefahr → die Gefahren, der Notruf → die Notrufe

Aufgabe 4: bekämpfen (ich bekämpfe, du bekämpfst, er/sie/es bekämpft, wir bekämpfen, ihr bekämpft, sie bekämpfen), kommen (ich komme, du kommst, er/sie/es kommt, wir kommen, ihr kommt, sie kommen), löschen (ich lösche, du löschst, er/sie/es löscht, wir löschen, ihr löscht, sie löschen), fahren (ich fahre, du fährst, er/sie/es fährt, wir fahren, ihr fahrt, sie fahren)

Aufgabe 5: schnell, schneller, am schnellsten; heiß, heißer, am heißesten; gefährlich, gefährlicher, am gefährlichsten

Der Beruf Feuerwehrmann / Feuerwehrfrau

Aufgabe 2:

a) Geeignete handwerkliche Berufe für einen Feuerwehrmann sind Schlosser, Elektriker, Kfz-Mechaniker
b) Beim Einstellungstest muss er ein Diktat und einen Aufsatz schreiben. Außerdem muss er Grundrechenaufgaben lösen.
c) Die Ausbildung dauert insgesamt 2 Jahre.
d) Sie lernen außerdem den Umgang mit Spezialfahrzeugen, mit Maschinen, gefährlichen Stoffen und allem, was mit Feuer und Personenrettung zu tun hat.

Was ist Feuer?

Aufgabe 2:

O	T	S	A	S	C	K	D	S	T	Y	P	Q	L
W	B	C	I	S	B	Q	D	U	J	F	N	Q	A
J	B	H	R	R	S	I	Q	K	T	B	D	F	G
D	T	A	Q	E	V	U	O	E	J	D	S	M	H
F	E	U	E	R	E	A	Q	F	H	P	S	X	I
T	E	M	P	E	R	A	T	U	R	Z	A	K	L
F	Z	O	M	C	B	G	E	Z	B	I	U	B	B
L	W	Q	Y	L	R	S	P	U	L	V	E	R	P
A	L	C	E	P	E	R	L	M	V	G	R	U	C
M	A	P	U	X	N	W	Y	N	V	A	S	K	E
M	H	B	R	A	N	D	X	J	Y	S	T	Y	A
E	I	A	G	L	U	T	N	E	E	M	O	P	X
U	N	Y	R	I	N	F	M	E	L	I	F	C	J
Z	U	O	I	F	G	Y	E	C	A	V	F	T	E

Die Jugendfeuerwehr

Aufgabe 2: Mögliche Lösungen sind:
Nomen: die Jugendfeuerwehr, die Jugendorganisation, der Bestandteil, das Mädchen, der Junge
Verben: lernen, verlegen, erkennen, anwenden, erhalten
Adjektive: spielerisch, taktisch

Lernwerkstatt FEUERWEHR, POLIZEI & Co.
Unsere Helfer in der Not unter der Lupe – Bestell-Nr. 12 322
KOHL VERLAG

Lösungen

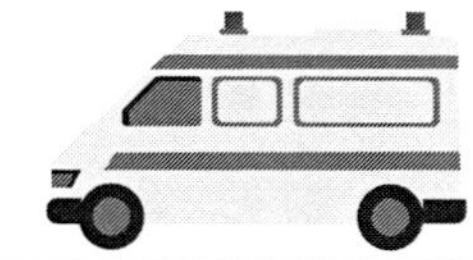

Kapitel III Jonathan und Maximillian gehen zum Rettungsdienst

Merkwörter zum Thema „Rettungsdienst" (Klasse 2)

Aufgabe 3: die Erste Hilfe → die Ersten Hilfen, die Wunde → die Wunden, der Verband → die Verbände, der Notruf → die Notrufe, die Gefahr → die Gefahren

Aufgabe 4: trösten (ich tröste, du tröstest, er/sie/es tröstet, wir trösten, ihr tröstet, sie trösten), helfen (ich helfe, du hilfst, er/sie/es hilft, wir helfen, ihr helft, sie helfen), retten (ich rette, du rettest, er/sie/es rettet, wir retten, ihr rettet, sie retten), zeigen (ich zeige, du zeigst, er/sie/es zeigt, wir zeigen, ihr zeigt, sie zeigen),verbinden (ich verbinde, du verbindest, er/sie/es verbindet, wir verbinden, ihr verbindet, sie verbinden)

Merkwörter zum Thema „Rettungsdienst" (Klasse 3/4)

Aufgabe 3: die Erste Hilfe → die Ersten Hilfen, die Wunde → die Wunden, der Verband → die Verbände, der Notruf → die Notrufe, die Gefahr → die Gefahren, der Erste-Hilfe-Kurs → die Erste-Hilfe-Kurse, die Katastrophe → die Katastrophen, die Unfallstelle → die Unfallstellen, die Prävention → die Präventionen, die Maßnahme → die Maßnahmen

Aufgabe 4: helfen (ich helfe, du hilfst, er/sie/es hilft, wir helfen, ihr helft, sie helfen), retten (ich rette, du rettest, er/sie/es rettet, wir retten, ihr rettet, sie retten), verbinden (ich verbinde, du verbindest, er/sie/es verbindet, wir verbinden, ihr verbindet, sie verbinden), trösten (ich tröste, du tröstest, er/sie/es tröstet, wir trösten, ihr tröstet, sie trösten), zeigen (ich zeige, du zeigst, er/sie/es zeigt, wir zeigen, ihr zeigt, sie zeigen), absichern (ich sichere ab, du sicherst ab, er/sie/es sichert ab, wir sichern ab, ihr sichert ab, sie sichern ab), entfernen (ich entferne, du entfernst, er/sie/es entfernt, wir entfernen, ihr entfernt, sie entfernen)

Aufgabe 5: unterkühlt, unterkühlter, am unterkühltesten;

Die Rettungsgasse

Aufgabe 1: Auf dem 3. Bild wird dargestellt, wie eine Rettungsgasse richtig gebildet wird.

Aufgabe 2: Es gehört zusammen:
8000365000 – Beratung zum Hausnotruf   030 19240 – Giftinformationszentrale Berlin
112 – Notrufnummer   116117 – Ärztlicher Bereitschaftsdienst   110 – Polizei

Nasenbluten

Aufgabe 2:
a) Der Oberkörper soll aufrecht sein, der Kopf leicht nach vorne geneigt.
b) Nein, die Nase darf nicht gesäubert werden.
c) Ich lagere die Person auf den Bauch und setze den Notruf 112 ab.

Sonnenstich, Hitzschlag, Hitzeerschöpfung

Aufgabe 2: Der Mann handelt nur zum Teil richtig. Es ist richtig, dass er den Oberkörper der Frau erhöht lagert. Bestimmt ist es auch nicht falsch, dass er ihr zu trinken gibt. Allerdings sollte er sie unbedingt aus der Sonne holen und den Kopf mit einem feuchten Tuch kühlen.

Aufgabe 4:

	Sonnenstich	**Hitzeerschöpfung**	**Hitzschlag**
Ursache	lange und starke Sonneneinstrahlung, ungeschützter Kopf	starkes Schwitzen durch hohe Temperaturen, der Körper verliert dadurch viel Flüssigkeit	körperliche Anstrengung bei hohen Temperaturen, der Körper bildet keinen Schweiß, die Körpertemperatur steigt
Erkennen	roter Kopf, normale Körpertemperatur, Kopfschmerzen, Schwindel, Übelkeit, Erbrechen, ggf. Bewusstlosigkeit	Blässe, starkes Schwitzen (kalter Schweiß), Übelkeit/Erbrechen/Schwindel, schneller Puls, ggf. Bewusstlosigkeit	roter Kopf, hohe Körpertemperatur, starke Kopfschmerzen, Übelkeit/Erbrechen/Schwindel, ggf. Bewusstlosigkeit
Helfen	Person in den Schatten bringen, mit leicht erhöhtem Oberkörper lagern, überflüssige Kleidung ausziehen, mit feuchten, kalten Tüchern kühlen	Person in den Schatten bringen, mit leicht erhöhtem Oberkörper lagern, überflüssige Kleidung ausziehen, mit feuchten, kalten Tüchern kühlen	Person in den Schatten bringen, mit leicht erhöhtem Oberkörper lagern, überflüssige Kleidung ausziehen, mit feuchten, kalten Tüchern kühlen

Lernwerkstatt FEUERWEHR, POLIZEI & Co.
Unsere Helfer in der Not unter der Lupe – Bestell-Nr. 12 322
KOHL VERLAG

Lösungen

Kapitel III Jonathan und Maximillian gehen zum Rettungsdienst

Der Erste-Hilfe-Kasten

Aufgabe 1: Vorhanden sind Pflaster, Schere, Fixierbinde, Kompresse, Heftpflaster
Es fehlen z.B. die Einmalhandschuhe, die Rettungsdecke, ein Dreieckstuch

Das Deutsche Rote Kreuz

Aufgabe 2: 1.- d); 2.- a); 3.- b); 4.- e); 5.- c)

Kapitel IV Jonathan und Maximillian entdecken das THW

Merkwörter zum Thema „THW" (Klasse 2)

Aufgabe 3: das Technische Hilfswerk → die Technischen Hilfswerke, der Zivilschutz → die Zivilschutze, die Katastrophe → die Katastrophen, der Schutz → die Schutze, die Organisation → die Organisationen

Aufgabe 4: ich kämpfe, du kämpfst, er/sie/es kämpft, wir kämpfen, ihr kämpft, sie kämpfen;
ich rette, du rettest, er/sie/es rettet, wir retten, ihr rettet, sie retten

Merkwörter zum Thema „THW" (Klasse 3/4)

Aufgabe 3: das Technische Hilfswerk → die Technischen Hilfswerke, der Zivilschutz → die Zivilschutze, die Katastrophe → die Katastrophen, der Schutz → die Schutze, die Organisation → die Organisationen, der Unfall → die Unfälle, die Katastrophenschutzorganisation → die Katastrophenschutzorganisationen, das Mitglied → die Mitglieder, die Kriegseinwirkung → die Kriegseinwirkungen

Aufgabe 4: ich kämpfe, du kämpfst, er/sie/es kämpft, wir kämpfen, ihr kämpft, sie kämpfen; ich rette, du rettest, er/sie/es rettet, wir retten, ihr rettet, sie retten; ich gründe, du gründest, er/sie/es gründet, wir gründen, ihr gründet, sie gründen; ich greife an, du greifst an, er/sie/es greift an, wir greifen an, ihr greift an, sie greifen an

Aufgabe 5: ehrenamtlich; hauptamtlich; zerstört, zerstörter, am zerstörtesten

Das THW

Aufgabe 2:
a) Das THW ist eine deutsche Zivil- und Katastrophenschutzorganisation des inneren Bundes.
b) Das THW wurde 1879 gegründet.
c) Die Mitglieder unterstützen die Feuerwehr, sie dienen dem Schutz der Bevölkerung, ohne dabei zu kämpfen.

Aufgabe 3:

Q	I	T	E	D	J	I	T	R	C	K	F	Y	K	T	D	D	K	B	Z
I	S	K	Q	V	U	I	U	N	Q	M	K	W	K	Q	F	M	R	P	Q
G	M	W	N	G	G	V	Z	E	H	R	E	N	A	M	T	L	I	C	H
B	C	E	T	Z	S	I	P	Y	O	B	U	Q	P	E	W	G	E	J	P
N	N	U	Z	I	V	I	L	S	C	H	U	T	Z	Y	T	T	G	S	Q
B	Z	F	N	P	W	O	W	V	U	T	V	A	M	D	X	C	S	M	H
D	L	R	N	T	I	G	A	B	N	U	M	G	S	V	I	P	E	Z	T
P	R	C	C	M	D	M	P	G	M	A	T	T	A	H	Q	P	I	H	V
N	M	A	H	P	Q	J	C	I	E	V	T	K	H	Y	B	J	N	J	P
R	L	M	X	E	M	M	L	I	Y	L	V	U	L	L	I	C	W	R	N
X	B	A	Q	I	I	J	P	A	X	H	L	T	X	A	X	X	I	R	S
W	S	P	U	Z	T	Q	F	A	L	I	I	B	X	A	A	U	R	V	A
Z	N	T	N	Y	G	M	Y	U	U	R	J	B	S	R	G	Y	K	C	P
A	A	A	F	F	L	O	T	Y	D	E	Q	M	R	W	R	V	U	N	J
K	U	K	A	M	I	S	B	X	R	E	T	T	E	N	K	T	N	O	R
S	S	H	L	D	E	S	S	R	N	W	P	G	Z	B	W	R	G	E	E
T	L	K	L	M	D	R	K	M	W	S	K	H	M	F	O	S	E	Z	M
M	A	G	V	A	E	T	Y	B	R	N	G	R	H	F	L	H	N	O	D
I	N	A	T	U	R	K	A	T	A	S	T	R	O	P	H	E	X	E	H
O	D	X	P	D	I	A	D	T	S	C	H	U	T	Z	I	P	Q	V	T

Lernwerkstatt FEUERWEHR, POLIZEI & Co.
Unsere Helfer in der Not unter der Lupe – Bestell-Nr. 12 322
KOHL VERLAG